U0585760

魏晋风流

唐翼明 著

SPM
南方出版传媒
广东人民出版社
·广州·

图书在版编目（CIP）数据

魏晋风流／唐翼明著.—广州：广东人民出版社，2020．1
ISBN 978－7－218－13756－8

Ⅰ．①魏… Ⅱ．①唐… Ⅲ．①文化史－中国－魏晋南北朝时代
Ⅳ．①K235．03

中国版本图书馆 CIP 数据核字（2019）第 154089 号

WEI-JIN FENGLIU

魏晋风流

唐翼明　著

出 版 人：肖风华

主　　　编：李怀宇
责任编辑：李展鹏　张　静
装帧设计：张绮华
责任技编：周　杰　吴彦斌

出版发行　广东人民出版社
地　　　址：广州市海珠区新港西路 204 号 2 号楼（邮政编码 510300）
电　　　话：（020）85716809（总编室）
传　　　真：（020）85716872
网　　　址：http://www.gdpph.com
印　　　刷：恒美印务（广州）有限公司
开　　　本：787mm×1092mm　1/32
印　　　张：5.5　字　数：120 千
版　　　次：2020 年 1 月第 1 版
印　　　次：2020 年 1 月第 1 次印刷
定　　　价：49.00 元

如发现印装质量问题影响阅读，请与出版社（020－85716848）联系调换。
售书热线：（020）85716826

自題

廣武不聞嵇宗嘆
山陽寧有竹枝琴
可惜千古風流盡
野史聊存弔上音

吳朋

目　　录

第一章 混乱与自由，两面看魏晋
——魏晋是一个什么样的时代？

中央集权的削弱

统一意识形态（儒家独尊）的式微

先秦诸子的复兴与思想的解放

　　每一个时代都有好坏两面，从来没有一个时代是十全十美的，也从来没有一个时代是一无是处的。有时候好坏两面还会形成强烈的对比，一面坏得厉害，一面好得突出，所以狄更斯在《双城记》开头就说：这是一个最好的时代，也是一个最坏的时代。（It was the best of times, it was the worst of times.）依我看，在中国过去的两三千年中，有三个时代特别显出这种强烈的对比：一方面，政治混乱，政权更替频繁，国家在整体上显得衰弱；另一方面，思想自由，学术发达，在精神文明史上占据突出的地位。这三个时代分别是：第一，战国时代（或称先秦、晚周）；第二，魏晋时代（或称魏晋南北朝）；第三，五四时代（或称清末民初）。战国时代是中华文明奠基的时代，魏晋时代是中华文明转折的时代，五四时代是中华文明由传统农业文明转入现代工业文明的时代。

　　今天我们单来谈魏晋时代，或说魏晋南北朝时期。

魏晋南北朝指的是从魏初（220年）到陈末（589年）的一段长达三百六十八年的时间，这之前是两汉，这之后是隋唐，这三百六十八年包括魏（220—265年，同时存在蜀汉和吴，所以又称三国）、西晋（265—317年）、东晋（317—420年）、南北朝（420—589年）。从东晋起，汉人政权就只局限在江南，江北则先后有五个少数民族政权所建立的十六个国家，史称"五胡十六国"。东晋以后，江南的汉人政权先后经历了宋（420—479年）、齐（479—502年）、梁（502—557年）、陈（557—589年）四个朝代，史称南朝；江北则先后有北魏（386—534年）、东魏（534—550年）、西魏（535—556年）、北齐（550—577年）、北周（557—591年）等政权，史称北朝。

魏晋南北朝是一个什么样的时代呢？

魏晋之前是汉朝，先是西汉（公元前206—公元25年），后是东汉（25—220年），两汉加起来一共有四百二十五年，是春秋战国之后第一个统一的、稳固的中央专制帝国（秦朝也是统一的帝国，但延续时间很短）。两汉时，皇权很强大，国家很强盛，思想统一，有统一的国家意识形态，那就是儒术，即董仲舒向汉武帝建议"罢黜百家，独尊儒术"的"儒术"。这里的儒术并不等于战国时代以孔子为代表的原始儒家学术思想，而是经董仲舒改造过的，加上了阴阳五行、天人感应等阴阳家思想的儒术。两汉盛世，从国家政权这方面看是光鲜的、亮丽的，但从人民思想这方面看，却是僵化的、没有自由的。魏晋时代就不一样了，几乎和两汉反过来。这是一个动乱的时代，国家四分五裂，政治很混乱，政权更替很频繁，在不到四百年的时间里经历了很多个朝代，建立了二十几个国家，从国家政权上看是衰弱的、不强盛的、不统一的。因为中央政权不强固，地方势力（包括地方政权、军阀和强宗大族的势力）就相对发达，有的地方势力强大富裕到几乎可以与皇权相抗衡的地步。孙悟空说："皇帝轮流做，明年到我家。"魏晋时代的一些地方势力，也就像一个个孙悟空，所以那时就出现了许多可以在政治上、经济上自由行动的空间，原来统一的国家意识形态即董仲舒所提倡的儒术，也随着中央政权的衰弱而走向式微，于是在思想上出现了自由解放的新局面。先秦时代的诸子百家之学得到了复兴的机会，中国历史上出现了一次新的百家争鸣，由此带来了哲学、文学、艺术乃至科学的大发展。从精神发展史上看，魏晋是一个了不起的有特别意义的时代。十四至十六世纪的时候，欧洲兴起了一场文艺复兴运动，当时的目标是复兴古希腊罗马的文化，旗帜是人本主义和理性精神。我认为魏晋时代是中国古代的一次文艺复兴——复兴先秦诸子，而且也闪耀着人本主义和理性精神的光辉。

赞美魏晋时代高度的文学艺术成就，将其与西方的文艺复兴相比较，这样的观点并不是我的发明，近代有一些学者已做过这样的论述。例如章太炎论文不以唐宋为高而推崇魏晋；又如鲁迅特别喜欢嵇康，亲自搜集、校对、编辑《嵇康集》，都含有推崇魏晋学术的意思。特别是宗白华先生《论〈世说新语〉和晋人的美》一文，对魏晋的文学与艺术有高度的评价，他指出：

汉末魏晋六朝是中国政治上最混乱、社会上最苦痛的时代，然而却是精神史上极自由、极解放，最富于智慧、最浓于热情的一个时代。因此，也就是最富有艺术精神的一个时代。王羲之父子的字，顾恺之和陆探微的画，戴逵和戴颙的雕塑，嵇康的《广陵散》（琴曲），曹植、阮籍、陶潜、谢灵运、鲍照、谢朓的诗，郦道元、杨衒之的写景文，云冈、龙门壮伟的造像，洛阳和南朝的阂丽的寺院，无不是光芒万丈，前无古人，奠定了后代文学艺术的根基与趋向。（《宗白华全集》第二卷）

他又说：

这是中国人生活史里点缀着最多的悲剧，富于命运的罗曼司的一个时期，八王之乱、五胡乱华、南北朝分裂，酿成社会秩序的大解体、旧礼教的总崩溃、思想和信仰的自由、艺术创造精神的勃发，使我们联想到西欧十六世纪的"文艺复兴"。这是强烈、矛盾、热情、浓于生命彩色的一个时代。（《宗白华全集》第二卷）

在宗白华先生所说的文学艺术之外，我想补充指出，魏晋南北朝在科学、技术上也有辉煌的成就。刘徽、祖冲之等人的数学，何承天、祖冲之等人的天文历法学，裴秀、郦道元等人的地理学，华佗、嵇康、陶弘景等人的医术和养生学，葛洪、陶弘景等人的炼丹学（炼丹术是化学的起源），马钧、杜预、祖冲之等人的机械发明，在当时世界都是占据顶尖地位的。

尤其是哲学思想，我认为魏晋玄学是中国三大哲学高峰之一，另外两座是先秦诸子和宋明理学。魏晋玄学是中国传统学术中最富于抽象思辨色彩的，其中的"有无本末"之辨第一次把中国哲学引向本体论的高度，大大拓宽了中国人的思维框架。其实魏晋时期科学、文学、艺术上的各种成就，都应该归功于玄学所提供的思想架构和思想方法。章太炎先生曾经在《五朝学》一文中指出："玄学者，固不与艺术文行牾，且翼扶之。"（见傅杰编校《章太炎学术史论集》）说的就是这个意思。

但是历来的政治家和史学家，往往只看到魏晋南北朝社会动乱、国家（其实只是中央政权）衰弱的一面，却看不到或者不愿意看到其思想开放自由，文学、艺术、科学高度发达的一面，谈到魏晋南北朝几乎都是负面评价，很少正面肯定。这是为什么呢？

这是因为历代统治者都梦想自己建立的国家是一统天下的，所有土地和人民都在自己的掌握之中，即所谓"普天之下，莫非王土；率土之滨，莫非王臣"，还梦想父传子子传孙，一代代绵延久远，最好是万岁万岁万万岁。所以，他们自然不高兴看到如魏晋南北朝这种国土分裂和政权更替频繁的状况。正统史学家们秉承统治者的意志，自然跟着贬低魏晋南北朝时期，只讲它的坏处，不讲它的好处。但今天已不再是君主专制社会了，一姓一家的所谓国家所谓政权是否强大是否持久，已经不是人们的兴趣所在，思想的自由、人民的福祉、社会的发达、文化的发展，才是我们关注的首要问题。那么对魏晋南北朝，我们自然应该与历代的君王统治者和正统历史学家有不同的看法，既应当看到那个时代动乱不安给人民带来痛苦的一面，也应当正面评价其人民拥有相对自由，尤其是思想和学术得到自由发展、取得光辉成就的一面。

凡事都有两面，有利必有弊。国家统一强大当然好，但是如果这种统一意味着地方完全没有自主权，这种强大意味着中央政权无所不在的控制，甚至连人民的思想都控制起来，统一在一个固定的框架里，那么人的独立意志、自由思想也就都没有了。一旦人们没有独立意志与自由思想，创造力就受到压制，要发展学术文化就很难了。为什么战国时代出现了百家争鸣而别的时代没有呢？就是因为那时周天子中央政权控制力削弱，各诸侯国有相对的自由，一家的思想在这个诸侯国不受欢迎，还可以到另一个诸侯国去推销——此处不留爷，自有留爷处。例如，苏秦先到秦国，想用"连横"的策略打动秦王，却不被秦王采纳，后来他又跑到别的国家，用"合纵"的策略说服其余六国联合起来对抗秦国，终于得到赏识，最后佩六国相印。再如，孔子曾经周游列国，也是为了宣传自己的主张，结果各诸侯国都不采纳，他才不得已回去教书，希望自己的思想能流传后世。像苏秦、孔子这样的例子，当时比比皆是，正如汉代班固在《汉书·艺文志》中所说的"诸侯力政，时君世主，好恶殊方，是以九家之术蜂出并作，各引一端，崇其所善，以此驰说，取合诸侯"（诸侯国纷纷励精图治，而各国的君王各有各的喜欢和不喜欢，所以各种学说一窝蜂冒了出来，尽量发挥自己擅长的一面，用它来迎合、说服君主们）。如果当时中央政权很强大，像汉朝那样用一种思想统一老百姓的脑袋，绝对不会出现苏秦、孔子这样的例子。

从某种角度看，魏晋南北朝和战国时代很相似。我们看《三国演义》，许多谋士在三国之间跑来跑去，寻找最适合自己发展的地方。诸葛亮家族三兄弟，诸葛亮在蜀国当宰相，诸葛瑾在吴国当大将军，诸葛诞在魏国做司空，都是顶级大官，但哪个也没有被怀疑里通外国，也没有受过审查。南北朝时期，许多南方的名士在南朝做了官，后来又在北朝做官，比较有名的有庾信、王褒、颜之推等。在那个时代，思想方面也不只是儒家一统天下，道家、法家都很有势力，汉代从印度传过来的佛教也发展迅速，南朝的梁武帝就是一个虔诚的佛教徒。总之，那是一个思想很活跃的时代。

所以对魏晋南北朝，我们要全方位地看，一分为二地看，不能只看到分裂混乱的一面，还应该看到自由活泼的一面。而魏晋南北朝为什么会出现这样一方面分裂混乱，一方面又自由活泼的局面，这是一个很值得探讨的问题。

第二章　王与马，共天下
——魏晋士族的兴起及个体意识的觉醒

谢安为什么迟迟不做官？

士族兴起的过程

士族在政治、经济及文化上的优势

　　上一章讲，魏晋南北朝是一个一方面分裂动乱一方面又自由活泼的时代，造成这种两面性的根本原因，是中央政权的相对弱势和地方势力的相对强大。为什么会出现这种局面呢？其中的因素当然很多，有一个很重要的因素是，自东汉以来，中国社会出现了一个新的阶层，历史学家通常称之为"士族阶层"。士族阶层到魏晋时代已经发展得很成熟，若干士族变得很庞大，几乎垄断了当时社会政治、经济、文化各方面的资源。

　　讲到士族，我们不得不再次提到董仲舒。他向汉武帝建议"罢黜百家，独尊儒术"，使经他改造过的儒术成为汉帝国的国家意识形态。同时他又建议汉武帝兴办太学。太学古已有之，是天子和皇族受教育的地方，规模并不大。汉武帝采纳董仲舒的建议后，就把太学办得很有规模，到东汉末年，甚至庞大到有三万多名学生。由于独尊儒术，所以太学里只教儒家的五经，也就是《诗》《书》《礼》《易》和《春秋》。每一经都找当时最优秀的学者来教，这些老师叫"五经博士"，学生则主要是贵族青年和官员子弟。这些受过太学教育的人成为汉王朝文官的来源，汉武帝以后的文官几乎全是从太学中选拔的。当时太学的老师和学生是全国最有学问的人，又是最有可能当官的人。因为中央一级除了太学以外没有别的学校，地方上虽然还有些官学，但规模不大，水平不高，所以一般人很难接受好的教育，那么太学的师生就变成当时社会文化资源和政治资源的垄断者。而且这些人的家族往往会世代相传，代代都受过良好的教育，代代都有人在朝廷里做大官，读书和当官是这些家族的重要标志，这样的家族就叫作士族。"士族"的"士"最早指贵族当中最低的一级，春秋以后逐渐演化为有知识能办事的读书人的代称。由于皇帝的恩赐和法律的偏袒，这些士族往往得到很多的土地，又享受免税的权利，许多农民也自愿地投到这大树底下来找荫庇，成为这些士族的佃客。士族就这样雪球般越滚越大，逐渐形成一个个庞大的家族，人数可以多到几百甚至几千。这几百几千人连同大片的土地，就变成在经济上自给自足的一个个集团，甚至还拥有保卫庄园的武装力量。我们在《水浒传》中读过"三打祝家庄"的故事，祝家庄就有点像这里所说的士族庄园。

大士族的形成除了从太学出身以外，当然还有别的途径。有些家族开始可能只是地主或商人，靠土地或经商而致富，变成地方上的强宗大族，不一定有什么文化。但是他们有很强的经济实力，自然就可以培养子弟读书，于是慢慢也就有了文化，并且进入官场，最后也演化成了大士族。

在汉末，已经有一些这样的大家族。袁绍、袁术的家族就是一个典型的例子。史书记载袁家是"四世五公","四世"就是四代，曾祖父、祖父、父亲、儿子，"五公"就是有五个当"三公"的官员。什么是"三公"呢？就是朝廷上最高一级的文官。其名称各代略有差别，汉武帝时的"三公"是丞相、太尉、御史大夫。"四世五公"就是连着四代出了五个"三公"一级的大官。这样的家族当然很有实力，所以袁绍与袁术后来能够趁乱而起，各霸一方，想当皇帝，可惜最后都被曹操消灭了。曹操有一个谋士叫杨修，是个聪明绝顶的人，因为太聪明了，结果聪明反被聪明误，被曹操忌妒而遭杀害。杨修的家族是与袁家差不多的大家族，史书说杨家"四世三公"，就是连着四代都有当"三公"的人。其实三国时代活跃在政治舞台上的军阀们、谋士们，几乎都有类似的家族背景。例如曹操的父亲曹嵩官至太尉，曹家自然是大士族；孙坚、孙权的孙家是东吴的豪族，官虽然做得不大，但经济上是很富厚的；刘备虽然小时候家里穷一点，毕竟是皇族后裔，当然也是士族，只不过是士族中的寒门而已。又如曹操的大谋士荀彧、荀攸，他们所出身的荀氏是荀子的后代，东汉末期出过好几个大学者、大官，如荀彧的祖父荀淑仕至朗陵侯相，荀彧的叔父荀爽位列三公，荀彧的堂兄荀悦是有名的思想家和历史学家。又如刘备的大谋士诸葛亮所出身的诸葛氏，是山东的大族。虽然诸葛亮在《出师表》中说他青年时代"躬耕于南阳"，不要误以为他真是农民，那只是因为他父亲死得早，母子到南阳来投靠其当太守的叔父诸葛玄，不幸在他十六岁时叔父也去世了，所以他有一段日子过得清贫一点而已。想想看，诸葛亮家族三兄弟，哥哥诸葛瑾在吴国做大将军，自己在蜀国做丞相，族弟诸葛诞在魏国做司空，如果不是出身大士族怎么可能？吴国的鲁肃、张布也都出身东吴的大士族。这样的例子我们还可以举出很多很多。

晋朝以后，特别是东晋以后，士族的势力更加发达，那时的中国社会基本上就控制在一百来个大士族的手中。现在我们偶尔还用到"王谢子弟"这个成语，"王"指的是山东琅邪王氏，王导的家族；"谢"，指陈郡阳夏谢氏，谢安的家族。王导、谢安都是东晋的名臣，都做过宰相，王谢两家就是晋朝士族的代表。其余如颍川庾氏（庾亮的家族）、谯国桓氏（桓温、桓玄的家族）、京兆杜氏（杜预的家族）、河东裴氏（裴潜、裴秀的家族）、陈郡殷氏（殷浩、殷仲堪的家族）、范阳祖氏（祖逖、祖冲之的家族）、吴郡陆氏（陆逊、陆抗、陆机、陆云的家族）、吴郡顾氏（顾雍、顾荣、顾和、顾恺之的家族）等，都是著名的大士族。

这些家族的势力有多大呢？看看琅邪王氏。东晋的政权是司马睿建立的，但是如果没有王家的帮忙，司马睿绝对建立不了东晋的政权。当时王家有两个大人物，一个是王导，他是司马睿的大谋士，几乎可以说东晋政权的创立是他一手谋划的；另外一个是大将军王敦，东晋初期最主要的武装力量就是他统率的。在建立东晋政权的过程中，王导、王敦这一文一武的功劳比司马睿还要大。所以当群臣拥戴司马睿做皇帝的时候，司马睿居然亲手拉着王导，说："咱们两个人一起去坐金銮殿吧。"这虽然只是一种姿态，王导也没敢接受，但毕竟反映了司马睿对王家功劳的感激与重视。所以当时民间有一句谚语，说"王与马，共天下"，这在中国历史上是绝无仅有的。

东晋政权勉强延续了一百多年，前期靠的是王导，后期靠的是谢安。这一政权本质上就是若干大士族的联合统治，司马氏只是这个联盟的盟主而已。如果没有各大族的联合支持，盟主的地位是不稳固的。事实上在各大族的心中，都有跟孙悟空差不多的意思：这个盟主的位置你司马氏坐得，我何尝坐不得？你搞得好就让你坐，你搞得不好，特别是损害了我的利益，那就对不起，我就只好取而代之了。所以东晋一朝野心家特别多，开始有王敦，后来有桓温，甚至连陶侃都有"不臣之心"，到桓温的儿子桓玄，就干脆造了反。虽然后来桓玄被刘裕打败了，但最终晋朝还是灭在刘裕手上。刘裕建立了一个新政权即南朝的宋，后人为了和赵匡胤建立的宋朝相区别，把它叫"刘宋"。

于是我们就明白了，为什么魏晋南北朝的时候地方势力那么大？原来是士族阶层造成的。尤其是大士族，又叫门阀士族，他们在政治、经济、文化各个方面具有很大的优势，大到几乎可以跟皇族相抗衡的地步。这样一来，中央政权的控制力自然就削弱了，就造成了魏晋南北朝时期混乱分裂、政权更替频繁的一面。但也正因如此，地方势力和地方势力之间、地方势力和中央政权之间形成了许多空隙，社会便有了自由的空间。士族势力的强大还促成了另外一个更积极的进展，就是这些士族中的成员可以相对地脱离皇权的控制，脱离国家意识形态的控制，不是非要靠皇帝才有饭吃。他们不靠中央政权也可以过很优裕的生活，这样终于慢慢摆脱皇权奴仆的心态，开始意识到自己的独立价值。

谢安的故事就很典型。

大家都知道谢安是东晋后期很重要的政治家，他当宰相十多年，国家治理得不错。在他的指挥之下，侄儿谢玄在淝水之战中打败了来势汹汹的苻坚，保住了东晋政权。但是很多人不知道，谢安本来不想当官的。当时大士族出身的青年一般十八九岁就踏上仕途，二三十岁官就做得很大了，甚至有四十不到就做到"三公"的，如此年轻还没有长白头发，当时叫"黑头公"。而谢安一直到四十多岁还隐居在家乡会稽，有一天他老婆问他："你难道真的就这样一辈子不出去做官？"谢安捏着鼻子（他大概有鼻炎），勉强回答他的太太说："唉，恐怕还是免不了要出去做官啊。"他说"免不了"，是很不情愿但又不得不去的意思。为什么不情愿呢？因为他觉得每天跟朋友们游山玩水，清谈高论，还有大群的美女跟着，唱歌跳舞，是很惬意的生活，为什么要出去做官呢？做官每天上下班，要忙着开会、批公文，要听长官的指挥、看长官的脸色，出了错还可能坐牢杀头。他现在这样多么优游自在啊！他们谢家是东晋数一数二的大家族，什么都不缺，犯不着出去奔波劳累、冒风险。但是他最终还是不得不出去做官，这是因为当时的门阀士族，一定要有人在朝中做大官才能保住本家族的社会地位。当时谢安的哥哥谢奕、弟弟谢石，一文一武都在朝廷当大官，可是他这两个兄弟实在没有才干，官都没当好，文的没政绩，武的打败仗，眼看位子就要保不住。所以为家族的门面和利益计，谢安虽然不情愿，一拖再拖，到了四十多岁还是出去做官了，否则谢氏门庭可能就衰落了。

谢安的例子说明，在魏晋南北朝时期，那些门阀士族只要有一两个人在朝中做大官，其余成员就可以享受非常优裕的物质生活，并不需要直接依靠皇帝，甚至根本不需要做官。而且这些人受过良好的教育，在他们的心中便萌发了一种自觉，自觉自己并非其他人（包括皇帝）的工具，自己的生命也与其他任何人（包括皇族）一样珍贵。当时很多人常常在诗文中感叹生命短促，应当及时行乐。读王羲之的《兰亭集序》，就会感受到这种强烈的情绪，他说：

> 古人云：死生亦大矣。岂不痛哉！每览昔人兴感之由，若合一契，未尝不临文嗟悼，不能喻之于怀。固知一死生为虚诞，齐彭殇为妄作。后之视今，亦犹今之视昔，悲夫！

这是人作为一个个体在精神上的自我觉醒。简单地说，就是意识到自己是一个"人"，一个跟其他人一样珍贵的"人"。现代一些学者称魏晋时代是一个"人的自觉"的时代，就是这个意思。自觉自己个体生命之珍贵，自觉自己并非他人的工具，这是一个了不起的觉醒，有了这个觉醒，才有一切精神文明的产生。如果说私有财产是人类物质文明产生的基础，那么也可以说，个体意识的觉醒是人类精神文明产生的基础。人如果意识不到自己是一个可以有独立意志、可以有自由思想而非一切听命于他人的人，那么一切精神上的创造都将是不可能的。魏晋南北朝时期出了那么多的文学家、艺术家、科学家，几乎都出身于大士族，其原因盖在于此。以王谢二家为例，在当时真可谓人才辈出，直到今天我们还常常讲"王谢风流"。政治家、军事家除外，文化方面的名人就有著名的玄学清谈家王戎、王衍、王导、谢安，著名的书法家王羲之、王献之、王珣、王珉、王僧虔，著名的诗人谢朓、谢灵运等，多达数十人。

总之，当我们谈到魏晋南北朝时，不能不提到士族，不能不注意到士族阶层在历史上所起的进步作用。这里有两点是不可以忘记的：第一，士族阶层的兴起造成了社会结构的变动，造成了中央集权的削弱，造成了地方势力的壮大，由此给社会带来了自由的空间，这是魏晋时代一方面分裂动乱一方面自由活泼的根本原因；第二，士族阶层带来了人的个体意识的觉醒，个体意识的觉醒使具有独立意志和自由思想的人成为可能，使精神上的创造成为可能，因而大大推动了精神文明的进展。魏晋时代在思想、文学、艺术、科学各方面之所以取得了辉煌的成就，其根本原因在此。当然，当时人的个体觉醒基本上还局限在士族成员上，绝大多数人并不具备觉醒的条件。但是，不能因为这一点就否定了少数人个体意识觉醒的重大意义。人类一切文明都是呈金字塔形向前发展的，开始的时候总是极少数的、处于金字塔顶的人才能享受文明的成果，不过随着社会向前发展，文明就会向下扩散，越来越多的人就能够享受这种成果。总是要一部分人先富起来，慢慢地其他人才有可能富起来，一部分人先自觉起来，慢慢地其他人才有可能自觉起来。这个规律适用于所有的物质文明和精神文明的发展过程，不管我们喜欢不喜欢，至少历史是这样告诉我们的。

第三章　鸾翮有时铩，龙性谁能驯？
——魏晋士人对独立人格的追求

《广陵散》是首什么曲？

嵇康的故事

上一章我们说过，谈到魏晋南北朝，就不能不提到士族阶层。而谈到士族阶层，就会想起名士。"名士"这个词用到今天，已经有些揶揄的味道了，比如我们常常把穿着不修边幅与言行不大检点的做派称为"名士风度"。其实这个词在魏晋南北朝的时候是响当当的，指的是士族阶层中的精英分子。一个人要得到名士这个称号是非常不容易的，光是名气大还不行，要学问、德行、才情都足以令人折服才行。东晋文人袁宏写了一本《名士传》，从魏初到他那个时代一百多年间，才选了十八个人。正始名士三个：夏侯玄、何晏、王弼。竹林名士七个：嵇康、阮籍、向秀、山涛、王戎、刘伶、阮咸。中朝（即西晋）名士八个：裴楷、乐广、王衍、庾敳、王承、阮瞻、卫玠、谢鲲。这些都是大名鼎鼎、才华盖世、德足服人的时代精英。这十八个人中，又以竹林七贤最为有名，他们的故事在中国知识分子中流传甚广。

说起嵇康，我们很容易就想起《广陵散》。《广陵散》又叫《太平引》，"散"和"引"都是琴曲的类别，《广陵散》或《太平引》是一首琴曲的名字。嵇康是被司马氏杀头的，临刑之时从容不迫，从他哥哥嵇喜手里拿过一把琴，弹了一曲《广陵散》，弹完叹一口气说："袁孝尼（嵇康的外甥）曾经让我教他弹这个曲子，我当时没教他。唉，从此以后没人会弹这支曲子了！"原话是"《广陵散》于今绝矣"。所以"广陵散绝"就成了一个成语，后世诗文常常用到。今天汉语中还有两个词"绝唱""绝响"，也是从这个故事中衍生出来的，美得不得了，从此再也听不到或没有能与之媲美的曲子，就叫绝唱、绝响，比如鲁迅就曾经称赞司马迁的《史记》是"史家之绝唱"。

因为嵇康说了"《广陵散》于今绝矣"这句话，许多人就认为《广陵散》真的就此消失了，但是据学者考证，名为《广陵散》的古曲至今还在。绝的不是《广陵散》，而是嵇康弹奏《广陵散》的特殊技法。

今天我想说的不是音乐，而是嵇康这个人。嵇康为什么会被杀？他犯了什么罪？他被杀头时为什么那么从容不迫，视死如归？

嵇康这个人，真正是可以称为名士的典范的。在中国传统知识分子中，无论从哪一方面看，他都可以说是第一流的人才。鲁迅就非常喜欢他，花了很多时间亲手搜集、校对，辑成了一本迄今最完备的《嵇康集》。说嵇康无论哪方面都是第一流的人才，有什么证据吗？当然有。首先，嵇康是一流的思想家、哲学家，在魏晋玄学上是王弼和郭象之外最有代表性的人物；其次，嵇康是第一流的文学家，他的诗很好，散文更好，尤其说理散文几乎可以说是千古一人，韩愈、柳宗元都无法与他相比；嵇康又是一流的音乐家和音乐理论家，琴弹得非常好，还写过一篇专论弹琴的《琴赋》，他的《声无哀乐论》则是中国第一篇关于音乐理论的专文，直到今天还有影响；嵇康也是一流的书法家，他写的"五经"曾经刻在太学的石鼓上，作为当时太学生写字的范本；嵇康还是一流的美男子，《世说新语·容止》说他："身长七尺八寸（那时一尺约等于今天的二十三四厘米，七尺八寸大约等于现在的一米八五左右），风姿特秀。"他的朋友山涛形容他："嵇叔夜（嵇康字叔夜）之为人也，岩岩若孤松之独立；其醉也，傀俄若玉山之将崩。"《嵇康别传》形容他："龙章凤姿，天质自然。正尔在群形之中，便自知非常之器。"就是说，他无论在哪里都是鹤立鸡群，一眼便可以看出来。他死的时候才三十九岁，听说朝廷要杀他，当时三千太学生上书朝廷，请求赦免他，留下来给他们做老师。一个三十九岁的人，居然得到全国知识精英的一致钦仰，这需要什么样的学问和德行？

太学生的请愿最后帮了倒忙，司马氏一看就吓到了——一个人有这么大的号召力，如果不杀还得了？司马氏的一个爪牙钟会向他进谗言，说嵇康"上不臣天子，下不事王侯，轻时傲世，不为物用；无益于今，有败于俗……今不诛康，无以清洁王道"。这话说得很明白，嵇康就是司马氏篡夺曹家天下的绊脚石，司马氏要想当皇帝，就要先搬掉这块绊脚石，也就是所谓"清洁王道"（"清洁"在这里是动词，"王道"是宾语）。嵇康为什么会成为司马氏的绊脚石呢？不错，嵇康是娶了一位曹家的公主，做了魏国的官，官名是中散大夫，所以在政治立场上他是卫护曹氏政权而反对司马氏篡位的，但这不是根本原因。他的太太其实只是曹家一个旁系的公主，并不显赫，中散大夫也只是一个中级文官，又没有任何兵权，不统率一兵一卒，有什么可怕的呢？何况当时在曹家做官而倒向司马氏的人多得很，司马氏本身也是曹魏的大臣。许多明白人都知道曹家大势已去，以后必然是司马氏的天下。例如嵇康的好朋友，也是竹林七贤之一的山涛，就是这样一个明白人。他最终选择投靠司马氏，并且做了司马氏的大官——吏部尚书，就是专管提拔干部的官。他替好朋友嵇康考虑，认为没必要为曹家白白送掉一条命，不如识时务些，也做司马氏的官好了，于是向司马氏推荐嵇康来代替自己。不料嵇康不仅不领情，还特别写了一封绝交信，跟山涛划清界限，这就是历史上很有名的《与山巨源绝交书》，"巨源"是山涛的字。信中说到他拒绝做官的原因，今天读起来会觉得很滑稽，嵇康列举的九条原因（"必不堪者七，甚不可者二"）都像是开玩笑。比如他说，自己喜欢睡懒觉，每天早上要到小便快把尿脬胀破了才起床，如何能起早去上班呢？又说，自己很懒，不大洗澡，身上长虱子，老是要抓，因此不能穿官服，如此等等。这算什么理由呢？明眼人一看就知道都是扯淡的话，真正的原因说穿了就是一句：老子就是不跟你司马氏合作！

嵇康为什么这么讨厌司马氏呢？

说起来，司马氏也是一个一流的门阀士族，是汉初大将司马卬之后，数百年来簪缨相继，标榜儒术，但是司马懿父子在篡夺曹魏政权的过程中表现出来的虚伪、残忍、不仁不义，是完全违背儒家教导的。可以说晋朝的政权完全是在谎言和杀人中建立起来的。司马懿、司马师、司马昭父子三个以极其残酷的手段，先后发动三次大屠杀（249 年，司马懿诛曹爽、何晏共八族；254 年，司马师杀夏侯玄、李丰共三族；262 年，司马昭杀嵇康、吕安等人），杀灭了十几个大士族，只因为这些士族是自己的政敌，对自己篡位不利。许多士族被司马氏的血腥恐怖手段吓倒，不是顺服司马氏就是不敢作声。但是硬骨头总是有的，嵇康就是一个。嵇康痛恨司马氏的残忍，尤其痛恨司马氏的虚伪，痛恨他"挂羊头卖狗肉"，打着儒家的旗号，却干着与儒家宗旨相反的不仁不义的勾当。他愤激不已，便打出道家的旗帜来与司马氏对着干，并且写下一系列矛头直指司马氏的文章，如《释私论》《管蔡论》。当他的朋友山涛想推他出来做官的时候，他不仅不领情，反而以公开信的方式与山涛绝交。表面是与山涛绝交，本质是与司马氏决裂，《与山巨源绝交书》其实就是一篇不合作主义的宣言。

这样一来，嵇康就成了司马氏的眼中钉，必欲除之而后快。用什么罪名来杀掉嵇康呢？这是很为难的。因为当时的政权还是曹家的，没办法把不忠的罪名加在嵇康的头上。这时刚好发生一件事，嵇康有一个好朋友叫吕安，吕安有一个哥哥叫吕巽，吕安跟嵇康一样讨厌司马氏，但吕巽却选择了倒向司马氏，做司马氏的爪牙。吕安的老婆很漂亮，吕巽是个好色之徒，奸污了弟媳。吕安当然很愤怒，嵇康为了吕家的名声，劝吕氏兄弟相互隐忍。吕安答应了，吕巽表面上也答应了，不料这家伙恶人先告状，向司马氏诬告吕安不孝，在家打母亲。司马氏本来就讨厌吕安，便以不孝的罪名将吕安抓了起来。嵇康看见好友被诬陷，又痛恨吕巽不讲信用，便挺身而出为吕安辩解。不料早就怀恨在心的司马氏居然借机把嵇康一起抓了起来，说嵇康为不孝的吕安辩护也是不孝，最后用莫须有的"不孝"罪名，把吕安和嵇康两个人都杀害了。

这件事在今天看起来不好理解，嵇康虽然聪明绝顶，毕竟只是一介书生，手下一个兵都没有，也没有组织反对党，司马氏为什么如此害怕呢？如果说嵇康有力量，顶多也就是精神的力量。嵇康也很奇怪，如此聪明的一个人，难道看不出司马氏篡夺曹魏政权的气候早就形成了吗？为什么偏要螳臂当车呢？为什么就不能学自己的朋友山涛呢？如果他能接受山涛的推荐，司马氏一定会给他个不小的官做的，但嵇康偏不。这正是嵇康令司马氏害怕的精神力量之所在，他的独立意志和高尚人格就体现在这里。他无法扭曲自己的内心，无法屈从别人的意志，宁死也不屈服，绝不让自己的人格蒙羞。后来颜之推在《颜氏家训·养生》里说嵇康注意养生，却因为恃才傲物而丧失了自己的生命，其实这是完全不理解嵇康。在嵇康看来，生命是可贵的，所以要养生，但是独立的意志和人格比生命更重要。如果丧失了独立的意志和人格，养生只是养了一个没有灵魂的躯壳，就算能够长寿又有什么意义？跟一棵树、一块石头有什么区别呢？刘宋时代的诗人颜延之写了一篇《五君咏》，第二篇就是咏嵇康的，最后两句说："鸾翮有时铩，龙性谁能驯？"这才抓住了嵇康从容就死的本质。"鸾翮"（"鸾"是凤凰之类的神鸟，"翮"是翅膀上的羽茎，这里指翅膀）是美丽的躯壳，"龙性"是高傲的灵魂。他的肉体可以被杀死，而他的精神、意志、人格是不会屈服的，其实这正是儒家的真精神。孔子就说过："三军可夺帅也，匹夫不可夺志也。"又说："无求生以害仁，有杀身以成仁。"《礼记》上说：士"可杀而不可辱也"。孟子说："富贵不能淫，贫贱不能移，威武不能屈，此之谓大丈夫。"所以嵇康表面是道家的信徒，其实是儒家思想的真正信奉者。而打着儒家旗号的司马氏倒是真正糟蹋儒家精神的。这一点鲁迅先生九十年前在《魏晋风度及文章与药及酒之关系》一文中早就说过了。他说：

> 例如嵇阮的罪名，一向说他们毁坏礼教。但据我个人的意见，这判断是错的。魏晋时代，崇奉礼教的看来似乎很不错，而实在是毁坏礼教，不信礼教的。表面上毁坏礼教者，实则倒是承认礼教，太相信礼教。因为魏晋时所谓崇奉礼教，是用以自利，那崇奉也不过偶然崇奉，如曹操杀孔融，司马懿杀嵇康，都是因为他们和不孝有关，但实在曹操司马懿何尝是著名的孝子，不过将这个名义，加罪于反对自己的人罢了。于是老实人以为如此利用，亵黩了礼教，不平之极，无计可施，激而变成不谈礼教，不信礼教，甚至于反对礼教。——但其实不过是态度，至于他们的本心，恐怕倒是相信礼教，当作宝贝，比曹操司马懿们要迁执得多。

鲁迅说得太好了，嵇康这样的人其实是太相信礼教，是老老实实地视礼教为真理，不懂得变通，不懂得权术，太迂腐，太执着。在一个头脑灵活的人看来，嵇康的"迂执"是完全没有必要的，反正是当官，当曹家的官跟当司马家的官有什么区别呢？可是历朝历代总有这样"迂执"的人。明朝出了一个方孝孺，比嵇康还迂执。明成祖朱棣篡了侄儿建文帝的位子，要方孝孺草诏告天下，方孝孺提笔大书"燕贼篡位"四字，投笔于地，说："死即死耳，诏不可草！"朱棣大怒，说："灭你九族！"方孝孺说："莫说九族，十族又如何！"结果真的被灭十族（第十族是学生、朋友），八百多人被杀。嵇康总算还争个曹家、司马家，你方孝孺争个啥呢？都是朱家人当皇帝，是叔叔当还是侄儿当关你什么事？所以方孝孺的脾气简直比嵇康还要犟。但正是这犟脾气闪耀着人格的光辉。什么叫"威武不能屈"？这就叫"威武不能屈"，这才是大丈夫。岳飞、文天祥、史可法……历代死节之人大抵都有这样的犟脾气。文天祥说得好："人生自古谁无死，留取丹心照汗青。"人最终都有一死，与其跪着生，不如站着死。

当然，嵇康不是人人都可以做的，也不是人人都必须做的。在重大的历史事变面前，基于种种原因，不同的人会做出不同的选择，也是可以理解的。竹林七贤是七个好朋友，都很有才华，经常一起喝酒、清谈，开始时志趣应该都差不多，但后来就选择了不同的道路。阮籍跟嵇康差不多，但没有嵇康那么刚强，对司马氏只敢软拖不敢硬碰。刘伶和阮咸虽然满腹牢骚，但只能喝酒装疯。向秀最后还是选择出来做司马氏的官，至于山涛和王戎，就不仅当了司马氏的官，而且当了大官。很难说谁对谁不对，各人有各人的想法，各人也有各人的苦衷，有的人选择体制外的抗争，有的人选择体制内的改良，这都是可以理解的。不过，如果仅仅是为了谋取权位而背叛原来的初衷，放弃独立的意志，甚至贬损自己的人格，恐怕总是不会被后人瞧得起的吧。前面说过的颜延之作《五君咏》，就是咏的竹林七贤中的五个人，而把山涛和王戎从七贤中除名了。颜延之距离七贤的时代才不过一百多年，七贤的地位在人们的心目中就不一样了。今天我们都还记得嵇康、阮籍，而山涛和王戎尽管官做得很大，已经不大有人提起了。这就是历史做出的评判，而历史常常是不体谅人的。

第四章 礼岂为我辈设也!
——魏晋士人对自由思想的向往

阮籍为什么把"君子"比作裤裆里的虱子?

刘伶—张翰—毕卓,从放达走向放纵

    竹林七贤中的嵇康和阮籍都是中国文化史上一流的人物,但是他们各自有不同的个性。

    颜延之把嵇康比作龙,"龙性谁能驯?"的确,嵇康在历史上的形象就像是一条无人可以驯服的龙,他昂然地保持着自己独立的意志、高尚的人格,而决不向虚伪、残忍的司马氏做半点妥协。有一次,司马氏的爪牙钟会带着一群人,一个个衣着华丽,乘着高轩驷马到嵇康家来看他,正好碰到他跟好朋友向秀在门前打铁。嵇康竟不屑于抬起头来跟钟会打个招呼。等了半个小时,钟会觉得实在无趣,起身离开,这个时候嵇康才冷冷地说了一句:"何所闻而来,何所见而去?"意思是,我知道你是奉了主子的命来这里察看的,你是听到些什么流言蜚语跑来的?你又看到了什么去向你的主子报告呢?钟会气得要死,回答说:"闻所闻而来,见所见而去。"意思是,我听到了我听到的东西来的,我看见了我看见的东西离开的。嵇康问得犀利,钟会答得阴险,两个人都是高手,高来高去,针锋相对。

钟会从此便恨死了嵇康，嵇康的鄙视让他耿耿于怀。后来嵇康因吕安的事情被捕入狱，钟会向司马氏进的谗言"今不诛康，无以清洁王道"，是使司马氏最终下决心杀嵇康的一个重量级砝码。

这件事如果发生在阮籍的头上，情形大概会相当不同。阮籍虽然跟嵇康一样痛恨司马氏，痛恨司马氏的爪牙，但是如果钟会带一群人来看他，他至少还会站起来跟钟会假意寒暄一会儿的。这当然只是一种推测，不过并非没有根据。阮籍和嵇康内心想法一致，而性格气质不同，阮籍对司马氏如嵇康对司马氏一样地厌恶，但他没有嵇康那样刚烈，缺乏正面针锋相对的勇气。有一次，他游览广武，广武是楚汉之争的古战场，他长叹一声，发出了引起后世无数人共鸣的感慨："时无英雄，使竖子成名！"这话含义很深，也很模棱两可。他说的"时"可以解释为"当时"，也可以解释为"现时"。如果是"当时"，就是感叹楚汉之争的时候没有真正的英雄，居然让一个小混混刘邦成了名，当了皇帝；如果是"现时"，就是感叹此刻没有像刘邦、项羽乃至萧何、张良、韩信这样的英雄，结果竟然让司马氏这样的浑蛋成了名，当了皇帝。这就是阮籍，愤世嫉俗，指桑骂槐，厌恶当时的现实，却只敢以一种十分含混的方式来表达自己的不满和悲愤。

在现实生活中，阮籍更多是以一种装糊涂的面貌出现的。他本来是一个熟读儒家经典、积极进取、有心用世的人，但是看到司马氏整族整族地屠杀自己的政敌，当时许多名士都被杀害了，担心自己也落得同样的命运。他在《咏怀诗》（第三十三首）中说："一日复一夕，一夕复一朝。颜色改平常，精神自损消。胸中怀汤火，变化故相招。万事无穷极，知谋苦不饶。但恐须臾间，魂气随风飘。终身履薄冰，谁知我心焦！"于是整天喝酒，把自己扮成一个酒鬼，好像对世事全不关心，这样来避开司马氏的屠刀。史书记载，他有一次听说步兵校尉厨中有三百斛好酒，便向司马昭要求做步兵校尉的官，摆出一副不问政事只顾喝酒的样子。司马昭立刻答应了，他正是要你不问政治。后世常称阮籍为"阮步兵"，就是这样来的。阮家是一个大族，阮籍和他的父亲阮瑀（建安七子之一）都是大名士，所以司马昭想和阮家结亲，阮籍不愿意，又不敢直说，就故意喝得酩酊大醉，居然一连醉了六十天都不醒，弄得司马昭没办法提亲，只好算了。司马昭晋封魏王，想借用阮籍的文名为自己写劝进文，阮籍不想写，又不敢直接推掉，于是又喝得大醉，但这一次最终没能躲过，人家把他弄醒了。他没办法了，只好提笔一挥而就，居然写了一篇富丽堂皇的劝进文。我猜测他或许做了两手准备，一面把文章琢磨好了，一面却装醉，能忽悠过去就忽悠过去，实在不行就把琢磨好的文章写出来。这就是阮籍的性格。所以我说如果钟会来看他，尽管他心里很不情愿，应该还是会周旋一阵子的。有学者说，阮籍根本是跟司马氏一伙的，却又不想担司马氏帮凶的恶名，才有这样的表现。我觉得这批评太苛刻，阮籍对司马氏的不满与厌恶本质上跟嵇康是一样的，只是他性格比较软弱一点，厌恶痛恨又不敢像嵇康那样畅快发泄罢了。

正因为嵇、阮在性格气质上有这样的差异，他们留在历史上的形象便有了不同。嵇康更多表现为一个为维护自己独立意志和人格而宁折不弯的烈士形象，阮籍则更多表现为一个在沉重的现实里努力追求思想自由的痛苦灵魂。阮籍有一篇著名的文章《大人先生传》，借大人先生之口，讽刺那些凡事谨守礼教、言行中规中矩的"君子",说他们犹如"群虱之处乎裈中，逃乎深缝，匿乎坏絮，自以为吉宅也；行不敢离缝际，动不敢出裈裆，自以为得绳墨也"（虱子在裤裆，躲在深缝里，藏在坏絮中，自以为住的是豪宅；走路不敢离开线缝，行动不敢跑出裤裆，自认为很守规矩）。他内心并不反对儒家，但是讨厌那些表面上循规蹈矩、骨子里却败坏儒家真精神的伪君子，可是没有办法，话语权被那些人把持了，于是阮籍跟嵇康一样，激而走向反面，提倡道家，而且常常故意跟儒家礼教对着干，以发泄他对那些伪君子的不满。阮籍公开宣称："礼岂为我辈设也！"表明自己就要跟礼教对着干。

例如，儒家礼教最讲究丧礼，一个人如果死了父母，按丧礼的规定要守孝三年，守孝期间要穿破烂的衣服，衣服上只系一根草绳当衣带，不能喝酒吃肉，不能听歌作乐，不能与妻妾同房，等等。在宾客吊唁的时候，孝子必须先哭，一天必须按时哭几次。阮籍就很讨厌这些规矩，宾客来吊的时候他偏偏不哭，甚至照样喝酒吃肉，以表示对礼法的不满与反抗。其实阮籍是很孝顺母亲的，母亲死了他是很难过的，客人一走，他想起来很悲痛，大声号啕，结果把刚刚吃进去的酒肉都吐出来，最后连血都吐出来了。所以说，阮籍反抗的并不是原初儒家的孝的精神，而是后世儒家造作出来的种种规矩。这些规矩被一些虚伪的人利用，变成了表演，变成了作秀。这种表演和作秀与内心真正的悲痛并不相干，有些明明不孝的人也可以有同样的表演和作秀，以此博取尽孝的美名。汉末就有个著名的假孝子赵宣，父亲死了，别人守孝三年，他却在父亲的墓前的墓道一住就是一二十年，显得特别"孝"，一时名闻遐迩。后来陈蕃来做太守，接见他，问他家里的情况，他一下子就露了马脚：他的几个孩子竟然是在守孝期间生的。按儒家丧礼的规定，守孝期间不能跟妻妾同房，那么他的孩子是怎么生出来的呢？经过陈蕃一番拷问，赵宣只好供出了实情。原来他挖了一条地道，白天守孝，夜里就通过地道回家去享乐，喝酒吃肉，莺歌燕舞。可见赵宣的"守孝"完全是骗人的，内心并不悲痛。司马氏及其同党本质上就是赵宣这样的人。阮籍所厌恶的正是这种表演和作秀，他以反抗这些表演和作秀来曲折地表达他对司马氏及其党羽的厌恶。

又如儒家最讲究男女之间的避嫌，所谓"严男女之大防"，甚至有"男女授受不亲""叔嫂不通问"这样很不近人情的规矩。比如"叔嫂不通问"，小叔子跟嫂嫂明明住在同一个屋檐下，天天都会见面，按礼教却连互相问好都不被允许，这哪里是人之常情？阮籍就偏偏在嫂子回娘家将要出门的时候，故意站在门边跟嫂子聊了半天，让周围邻居都看到。又比如"男女授受不亲"，意思是男女之间给对方东西时不能直接给，要用一个托盘来完成这个"授受"（"授"是给，"受"是接），免得男女之间有手碰手的危险。其实只要心里没有鬼，有什么必要防得这样严呢？阮籍的街坊里有个卖酒的，老板娘长得很漂亮，阮籍就常常去打酒，喝醉了就睡在店里，老板慢慢知道他没有邪念，所以也不介意。有一个出身兵家（当时认为兵家是下层阶层，而阮籍是贵族）的女孩，长得很漂亮，又有才，却不幸早死，阮籍并不认识她的家里人，却独自跑到女孩的坟上大哭一场，伤悼这个美丽少女的夭亡。在阮籍看来，叔嫂是一家人，互相关心是应该的，只要没有邪念又有什么可避讳的呢？美不仅是可以欣赏而且是应当欣赏的，爱美、追求美是人的天性，只要心里没有邪念，为什么遇到美女偏偏要装出一副没看见的样子呢？有些人刚好相反，明明心里存着邪念，而且背地里干着见不得人的勾当，却偏偏在人前装出一副对女色无动于衷的样子。司马氏及其党羽就是这样一批虚伪无耻的"君子"，他们在儒家礼法招牌的掩护下，做的尽是不忠不孝、寡廉鲜耻的事，例如前面讲的吕安哥哥吕巽的所为。还有一个有趣的对比，就是阮籍对嵇康和嵇康哥哥嵇喜的不同态度。嵇康是阮籍的好朋友，他们理念一致，而嵇喜却跟吕巽一样投靠了司马氏。阮籍对他们两兄弟的态度就截然不同。阮籍丧母的时候，嵇喜来吊唁，阮籍不理不睬，还故意翻出白眼珠对着他，弄得嵇喜很不高兴。过一会儿嵇康带着酒拿着一把琴来了，阮籍这时候才把白眼珠翻过去，用青眼高高兴兴地看着嵇康。青眼就是黑瞳仁，"白眼""青眼"这两个词我们现在还在用，比如"某某人得到上级的垂青"，"垂青"就是用黑眼珠看人，即欣赏之意。

虽然阮籍不满礼教，做出种种时人看来很反常、乖僻的举动，但是他在嘴巴上却从不指名道姓地评论别人，既不说好话也不说坏话，这叫"口不臧否人物"。他也不谈论时事，就是不议论政治，不批评当局，所以人家抓不到他的辫子，连司马昭都称赞他是"天下之至慎"（天下最谨慎的人）。即使偶尔说出在别人看来很奇怪的话，他也总能自圆其说。例如他在司马昭那里做从事中郎（官名）时，有人报告一个地方发生了儿子杀死母亲的事件，阮籍脱口而出，说："嘻，儿子杀父亲还说得过去，居然连母亲都杀吗？"在座的人都认为他是失言，司马昭也说："杀父亲是天下最罪恶的事情，你怎么说'还说得过去'呢？"阮籍回答说："古人不是讲过吗，禽兽只知有母，不知有父，儿子杀父亲是禽兽，现在居然杀母亲，那就是禽兽不如了。"大家听了没有话说，只好说他说得有理。

　　总之，阮籍本来是一个很有志向、很想做一番事业的人，又是一个非常追求思想自由，凡事都有自己的见解，也很不满意恶浊现实的人，但他性格较为软弱，被司马氏杀人的行为吓怕了，怕自己被卷进去，所以处处谨慎小心。但是即使这样，他还是常常遭人忌恨。例如司马氏的党羽何曾，就曾经抓住他在母丧时喝酒吃肉的事大做文章，要司马昭把阮籍流放到海外去，"以正风教"。所以阮籍的内心是非常痛苦的。他给后世留下的八十二首《咏怀诗》，今天读起来仍然能够清楚地感受到他那说不出来的矛盾、担忧与恐惧，但是如果真要指出哪首具体指什么，却又说不出来。所以唐朝的学者李善说："嗣宗身仕乱朝，常恐罹谤遇祸，因兹发咏，故每有忧生之嗟。虽志在刺讥，而文多隐避，百代之下，难以情测。"（阮籍在乱世做官，常常担心被人诽谤遭到灾祸，因此常常会发出生命无常的感叹。尽管诗的主题是讽刺，而文字每每隐晦不明，隔了若干世代的人们要想猜测他的真意，是很不容易的。）（《文选》注）

　　阮籍由于格外谨慎，总算避免了被司马氏杀头的厄运，但在嵇康被杀后第二年，他也去世了。如果他活得久一点，会不会落得跟嵇康一样的下场，实在还很难说。

第五章　宁作我
——魏晋士人对自我与个性的坚持

殷浩为什么不羡慕桓温？

《世说新语·品藻》里有这样一则故事：

> 桓公少与殷侯齐名，常有竞心。桓问殷："卿何如我？"殷云："我与我周旋久，宁作我。"

"桓公"是桓温（312—373年），"殷侯"是殷浩（？—356年）。殷浩与桓温是东晋中期的两大名臣，一文一武，被时人视为朝廷的两大支柱。两个人都出身名门，年龄也差不多，少时还是朋友，但老是暗中较劲。长大后两人的地位名望差不多，都一度大权在握，桓温当了荆州刺史，殷浩则做了扬州刺史，荆扬两州在东晋算是最重要的两个州了。更巧的是，两人都曾率军北伐，也都没有成功，只是殷浩败得更惨一些，且是在桓温之前，桓温便乘机把他奏免为庶人，使殷浩郁郁而终。上面的对话究竟发生在什么时候，难以考证，比较可能是两人都已冒头，但还没到位高权重的时候。桓温的话明显带有一些挑衅性质，殷浩的话则软中带硬，他不卑不亢地回敬了桓温，话也说得极漂亮，可以说是十等一的外交辞令。

关于殷浩与桓温各有一大堆故事可说，二人之间也可以做一大堆比较。但这些不是这里要谈的，我要谈的是这则故事中殷浩的答语："我与我周旋久，宁作我。"其实这话是不是殷浩说的也不重要，我们只是关注这句话里所反映的内容及其所标榜、所张扬的精神。

这话反映了第二章所讲的，在魏晋时代，在士族阶层当中，普遍觉醒了一种个体意识。随着这种个体意识的觉醒，一个人开始认识自己的个性，即在精神上不同于别人的那点特别的东西。人们在珍视个体生命的同时，也开始珍视自己不同于别人的个性，于是开始萌发一种新的精神，就是欣赏自我、看重个性，并且坚持自我、坚持个性。

今天读《世说新语》，不难发现在那个时代有很多个性鲜明的人物。拿竹林七贤来讲，他们虽然是七个好朋友，却各有各的性格，各有各的选择，各有各的人生道路。难得的是，他们不仅各自坚持自己的个性，而且能尊重别人的个性；各自选择政治态度与人生道路，也能尊重别人的选择。比如前面讲过，嵇康和山涛是好朋友，嵇康在政治上忠于曹氏，山涛却选择了司马氏。他们选择不同，当然有许多原因，其中最重要的就是个性不同。嵇康是一个"刚肠疾恶，轻肆直言，遇事便发"的人，眼睛里容不得半点灰尘，而山涛却是一个气度宽宏、能够和光同尘的人。《世说新语·贤媛》有一个故事。一次嵇康和阮籍来看山涛，山涛的老婆想要观察一下嵇、阮二人，便劝山涛留二人在家里过夜，她就躲在隔壁，从墙洞里偷看他们三个聊天相处。后来山涛进去问老婆，你觉得这两个人怎么样。他老婆说，你的才情比不上他们两个，只能以见识和度量与他们交朋友。山涛说，他们两个也常常说我的度量比他们大。《世说新语》里讲山涛跟嵇康、阮籍刚认识便成了好朋友，他们的情谊像兄弟一样"契若金兰"。三个个性完全不同的人，为什么能够"契若金兰"呢？因为他们都是君子，都是道德高尚、品格正直的人，有了这个基本点，他们就可以成为好朋友，可以互相欣赏，而并不需要去改变对方。山涛欣赏嵇、阮的才情，嵇、阮欣赏山涛的度量，后来各人有各自的选择，连政治道路都相差很远，也不妨碍他们成为好朋友。我们读了嵇康给山涛的绝交信，以为他们真的绝交了，变成敌人了，其实不然。嵇康临死之时，担心自己的儿子嵇绍年幼无人照顾，竟然把儿子托付给山涛，可见他虽然写了绝交信，心里还是把山涛看作最可靠的朋友。他的绝交信与其说是写给山涛的，不如说是写给司马氏看的。山涛后来果然不负重托，不仅把嵇绍培养成人，而且把他推荐出来做官，后来做到侍中，在八王之乱中为保卫当时的皇帝晋惠帝（司马昭的孙子、司马炎的儿子）而被杀。文天祥被囚狱中时所写的《正气歌》中有"为严将军头，为嵇侍中血"的句子，"嵇侍中"就是指嵇绍。至于嵇绍值不值得为那个白痴皇帝送命，是另外一个问题，不同时代有不同的道德标准，这个问题是可以再讨论的。

　　说到嵇康，钟会去拜访他，他理都不理；说到阮籍，如果钟会去看他，他大概会虚与委蛇一番；现在假定钟会去看山涛，我想山涛会客客气气地接待他。但无论嵇康或阮籍或山涛，都不会跟钟会交朋友，更不会"契若金兰"，主要不是因为政治主张不同，根本原因是个性不同，气味不投。嵇、阮、山都是君子，而不必管他们选择了什么样的人生和政治道路；钟会却是个小人，也不必管他选择了什么样的人生和政治道路。哪怕钟会像嵇康一样选择了曹氏，他们还是成不了朋友，因为一个终归是君子，一个终归是小人。君子和君子可以交朋友，哪怕在敌对的政治阵营中，也不妨碍他们互相欣赏和尊重；而君子和小人则无法交朋友，哪怕他们在相同的政治阵营中，仍然免不了内心深处的隔阂与排斥。

还有两对兄弟的故事。一对是嵇康和他的哥哥嵇喜。嵇康和嵇喜兄弟两个感情很好，在政治上却各走各的路。嵇康坚决不与司马氏合作，嵇喜却是个热衷世事、不甘心被埋没的人，哪怕是司马氏当政，他还是要做官，于是选择向司马氏妥协。大概因为这一点，阮籍不喜欢他，对他翻白眼。吕安也不喜欢他，称他为"凡鸟"。这个故事载于《世说新语·简傲》第四则：

> 嵇康与吕安善，每一相思，千里命驾。安后来，值康不在，喜出户延之，不入。题门上作"凤"字而去。喜不觉，犹以为欣故作。"凤"字，凡鸟也。（许慎《说文》曰："凤，神鸟也，从鸟凡声。"）

该则刘孝标注引《晋百官名》曰：

> 嵇喜字公穆，历扬州刺史，康兄也。阮籍遭丧，往吊之。籍能为青白眼，见凡俗之士，以白眼对之。及喜往，籍不哭，见其白眼，喜不怿而退。康闻之，乃赍酒挟琴而造之，遂相与善。

不过嵇喜人品并不坏，还是好人，后来官做得不小，也还算个好官。如果他是一个像钟会那样的小人，又是司马氏的爪牙，恐怕阮籍和吕安反而不敢跟他开那种玩笑了。

另外一对是戴逵和他的哥哥戴逯。戴逵是东晋著名的画家和音乐家，文章也写得很好，总之是个才子。他安于清贫，不愿做官，朝廷征他当国子博士，他也坚辞不就。戴逵的哥哥戴逯却热衷世事，要建功立业，后来终于做到大司农（九卿之一），而且被封为广陵侯。有一次谢安对戴逯说：你们两兄弟的志向和事业怎么相差这么远？戴逯回答说："下官不堪其忧，家弟不改其乐。"就是说，我是个俗人，怕穷，我弟弟则像颜回一样，虽然穷，却在学问中找到了乐趣。

这两对兄弟各人坚持各人的个性，各人走各人的路，却仍然能保持互相尊重、互相欣赏，不同的人生道路并没有破坏他们的兄弟情谊。这样的例子在那个时代还可以举出很多。

再看竹林七贤。除了嵇康、阮籍和山涛，还有向秀、刘伶、阮咸和王戎，他们也都各有各的性格，人生道路和政治归属也各有不同。如果仔细分析，几乎可以说他们是七种类型。我们姑且简略地分个类：

一型，嵇康：刚肠疾恶，宁折不弯，坚决不与自己讨厌的当局者合作。

二型，阮籍：爱憎分明，内心痛苦，但不想得罪当局，只好与他们假意周旋。

三型，向秀：起初也拒绝与当局合作，但最终敌不过大势，只好放弃反对立场。

四型，刘伶：因为讨厌当局，又不想或不敢公开反抗，于是饮酒装疯，佯狂避世。

五型，阮咸：对现实不满，于是寄情于艺术，想逃避政治，但最后还是出来做了官。

六型，山涛：在新旧统治者对决未分胜负之时，暂不表态；新的统治者胜利之后，则出而应世，以便施展自己的才能，对社会有所贡献。

七型，王戎：对当局好坏不在意，只要自己做一个好官就好。

王戎（234—305年）和山涛差不多，他是七个人当中年纪最轻的，跟这几个人交往的时候尚未成年，只是因为聪明为大家所赏识，嵇康死的时候（262年）他才二十八岁。那时候司马氏的政权大局已定，他也就顺势做了司马氏的官，基本上没有参与司马氏和曹氏的争权。

向秀是嵇康的好朋友，还常常跟嵇康商讨哲理，嵇康写《养生论》，他就写《难养生论》，以便引出嵇康更多的议论。钟会来看嵇康的时候，嵇康正跟一个朋友在打铁，不理睬钟会，这个打铁的朋友就是向秀。所以向秀的政治态度跟嵇康是一样的。待到司马氏接连屠杀政敌，向秀的好友嵇康也被杀了以后，他感到胆寒了，知道如果不屈服于司马氏，自己也会落得嵇康那样的下场，只好勉强当了一个小官。司马昭还调侃他说：不是听说你要隐居吗，怎么到洛阳来了呢？他只好忽悠说：隐士们都是些狷介之士，不值得多加羡慕。向秀虽然做了小官，其实只是敷衍避祸而已，所以《晋书》说他"在朝不任职，容迹而已"。"容迹"其实跟隐居没有多大区别，就是前人讲的"大隐隐于朝"。

刘伶跟向秀差不多，也当个小官，整天喝酒，混得更厉害。每次他出去玩就带个小兵，叫小兵扛把锄头、挑个酒葫芦，跟小兵说：我如果在路上醉死了，你就挖个坑把我埋了就好了。有一次一个朋友来看他，他正在家里一丝不挂，估计是喝了酒，又服了五石散，身上发烧，穿衣服不舒服，所以脱得光光的。朋友笑他，他说：我这个人是把天地当屋宇，把房子当衣裤，你干吗不打招呼就钻到我的裤裆里来了？有一次他老婆看他喝酒喝得太凶，怕伤了身体，劝他把酒戒了，他说：这么重要的事，你得先摆一桌酒席，让我先向上天祈祷，祈祷之后再戒酒。老婆照办了，他的祈祷诗是这样的："天生刘伶，以酒为名，一饮一斛，五斗解酲。妇人之言，慎不可听！"但是如果我们把刘伶仅仅看成一个酒鬼，显然是不对的，他喝酒跟阮籍有相同之处，也是借酒浇愁，以醉酒来避世；也跟向秀类似，喝酒就是"容迹"的手段，他是"隐于酒"，以忘掉那个污浊的现实。

阮咸是阮籍的侄儿，因阮籍的介绍而加入竹林七贤的圈子。他有另外一套逃避现实的方法，那就是醉心于音乐，也可以说是"隐于音乐"。他也做官，也"容迹"于朝，但真正喜欢的却是音乐。他对音乐有天生的敏感，琵琶弹得非常好。有一种琵琶后世称为"阮咸"，据说这种琵琶他弹得非常好，后人就为之取名"阮咸"来纪念他。也有人说，是他对琵琶做了一点改造，成了一种新乐器，后人名之曰"阮咸"。总之，阮咸也是不满当时现实的人，他逃避现实的方法是逃进艺术，在音乐中忘掉现实。

这七类人都不失为君子，他们的选择可以看作正派的知识分子在政权更替之际可能做出的各种选择：反潮流呢，还是随大流呢？体制外呢，还是体制内呢？搞政治呢，还是搞学术或文学艺术呢？大概不外乎以上几种吧。中国文人喜欢讲七贤的故事，可能正是因为七贤为我们提供了选择人生道路的几种基本范式。

总之，人生在世，都应该认清自我，坚持自我，根据自己的个性来选择自己的道路，而不需要受别人的影响，摆来摆去，这就是"宁作我"的意思。用今天的话来讲，就是"做自己"。"宁作我"，或说"做自己"，就是不甘心做你，当然也不甘心做他，而要做我自己。在人群中坚守自我，不羡慕别人，不苟同别人，这不是一件容易的事，太多人一辈子都没有"作我"。其中大多数是没头没脑地随大流，简直不知道"自我"是什么。还有一些人则是满腹醋意地羡慕社会上所谓的"成功者"，随时随地准备改变自己，向"成功者"靠拢。这种人内心缺乏自信，也没有做人的原则，他向"成功者"靠拢并非见贤思齐，而是见钱思齐、见权思齐、见名思齐。这种人根本没有什么需要坚持的"自我"，要的不是"做自己"，而是"做别人"。

总之，"作我"并非一件容易的事。有淡泊之心、有做人的原则、有超然的气概，才安于"作我"；有主见、有勇气、有自信，才敢于"作我"。诸葛亮在《出师表》中说："臣本布衣，躬耕于南阳，苟全性命于乱世，不求闻达于诸侯。"这就是安于"作我"。他何以这样淡定呢？他说："大梦谁先觉，平生我自知。"这就是自信，这就是超然。正因如此，在刘备三顾之后，他才敢于"受任于败军之际，奉命于危难之间"。只有安于"作我"的人才敢于"作我"，心中有主心骨，才不会东倒西歪，也无须左顾右盼。

陶渊明以五柳先生自况，说："环堵萧然，不蔽风日；短褐穿结，箪瓢屡空：晏如也。常著文章自娱，颇示己志。忘怀得失，以此自终。"穷到这样，居然"晏如"。给他一个县长

（彭泽令）做，他做了八十一天就不做了，为什么呢？因为当时有个不学无术的督邮——陶渊明的上级，要来彭泽县巡视，陶渊明想，这家伙要人品没人品，要学问没学问，我凭什么向他打躬作揖？用他的原话讲，就是"岂能为五斗米，折腰向乡里小儿？"陶渊明说自己"质性自然，非矫厉所得。饥冻虽切，违己交病"，挨饿受冻固然难受，如果委屈了自己，违背了自己的天性，那就更糟糕，恐怕要百病丛生了。他又说："尝从人事，皆口腹自役，于是怅然慷慨，深愧平生之志。"（《归去来辞》序）出去做官完全不是他的本意，只是为了赚钱糊口，想起来对不起自己的志向抱负。做人的原则不能改变，"平生之志"不能屈从"口腹"，做一个县长，权、钱、名都有了，却没了自我，所以不干。这才是勇于"作我"、安于"作我"的极致。

第六章　情之所钟，正在我辈
——魏晋士人对情的执着

圣人有情还是无情？

王戎爱子，荀粲爱妻，王徽之爱弟，郗超爱父

　　魏晋南北朝时，在士族精英分子也就是所谓名士当中，流行一种学术社交活动，叫作"清谈"。

　　魏晋清谈探讨了许多哲理，这些哲理构成一股思潮，叫作"玄学"。魏晋玄学与清谈中有一个著名的命题，就是：圣人到底有情还是无情？在中国古人的观念里，圣人是最完美的人，是所有人的典范，在圣人身上体现着天的意志和道的完美。天不可攀，道不可见，所以天道是不能直接学习的。人要接近至高无上的天道，只有通过圣人，因为圣人是可以学习模仿的。所以圣人是沟通天道与人的桥梁，一个人通过向圣人学习而接近天道，因而一个人修养的极致就是努力达到圣人的境界，古人把这叫"内圣"。那么圣人是一种什么样的境界呢？弄清这个问题，凡人才好学习修炼。尤其在情这方面，圣人到底是有情还是无情呢？因为对于普通人而言，情感问题往往是困扰一生的大问题，人和人之间许多争斗乃至互相残杀的悲剧，常常因情而起。如果说圣人也是有情的，那圣人是不是也会受到情

的困扰呢？如果圣人真的很完美，似乎应该无情才对，那么"内圣"的最高境界岂非也要做到无情吗？人有没有可能做到无情呢？这些问题在魏晋时代被一些思想家、知识精英提出来反复辩论，这些辩论被后世称为"圣人有情无情之辩"。

"圣人有情无情之辩"最后的结论是什么呢？大多数人倾向于接受王弼的说法，就是：圣人也是有情的，只是他的情很正，不偏激，不离开人的本性，因而他就不会为情所困扰。说得简洁一点，就是"圣人有情而不为情所累"。

来了解一下王弼。王弼真是人类历史上少见的天才，史书上说他死的时候二十四岁，实际上按今天的算法顶多二十三岁，如果他生在冬天，说不定还没满二十三岁，因为他是秋天得流行病（古时叫"疾疫"或"时疫"）去世的。但是他在哲学上的成就很了不起，在中国历史上没有几个人可以相比，如果我们遴选中国有史以来十大著名的思想家、哲学家，他是绝对名列前茅的。

既然圣人都有情，凡人有情就是很自然的事。这样"有情"不仅取得了合法的地位，言下之意还是应该提倡的。凡人应该做的只是努力让自己不为情所累，这样就接近圣人了。来听几个有关的故事。

先来看一个父亲爱儿子的例子，主角是王戎，就是竹林七贤之一的王戎。他生了一个孩子，不幸几个月就死掉了，山涛的儿子山简去慰问他（王戎是竹林七贤中最小的一个，比山涛要小二十九岁，所以跟山涛的儿子山简年龄差不多），看他悲痛得不得了，就对他说："不过是个几个月的小孩罢了，还不懂什么，用得着这么悲痛吗？"王戎却回答说："圣人忘情，最下不及情；情之所钟，正在我辈。"什么意思呢？翻译成今天的白话就是：最上等的人，也就是圣人，会忽略情；而下等的人呢，根本就不知情是什么东西，情这种东西就是集中表现在我们这样的人身上。王戎这句话很有名，其实就是"圣人有情无情之辩"在当时名士身上发生的效果。最有趣的是"圣人忘情"这几个字，他不说圣人无情，也不正面说圣人有情，而说圣人忘情，"忘"在这里不是忘记，而是忽略的意思。这其实是王弼"圣人有情而不为情所累"的另一种说法。"情之所钟，正在我辈"，这话说得并不惭愧，反倒带着明显的骄傲。因为前面说了，下等人根本不知道情是怎么回事，所以"我辈"也即当时的士族精英分子或说名士，才懂得情，所以情感丰富乃是一件可骄傲的事，标志自己是不同于下等人的上等人。当然他们还没有修炼到圣人忽略情感的地步，但这并不可耻，毕竟圣人只有孔夫子一个，谁敢自称圣人呢？既然不是圣人，又怎能忘情呢？

"情之所钟，正在我辈"，王戎的这句名言此后便成为魏晋士人在情感问题上的宣言和座右铭，魏晋名士坦然宣称自己敏感多情，并以此作为精英分子的自我标榜。情不仅正当，而且必需，多情不是缺点而是优点，不是坏事而是好事。由于这种思潮的影响，魏晋南北朝的文学艺术便都有一种"尚情"的倾向，士人们的日常作风就是以感情丰富而风流自喜。

还有一个夫妻情深的故事，主角是荀粲。荀粲出生在一个大士族家里，他是荀子的第十四代孙，他的父亲是曹操的第一谋士荀彧，他的堂兄荀攸是曹操的另一位重要谋士，他的叔祖父荀爽在汉末做过司空，他的另一个堂叔荀悦是汉末的大思想家和史学家，写过一部《申鉴》，还写了一部《汉纪》，这两部书到现在还有影响。荀粲自己也是一个思想家，可以说是魏晋玄学与清谈的先驱人物。跟王弼一样，荀粲也是一个少年天才，而且也英年早逝，死的时候才二十九岁（实际上是二十八岁）。他是怎么死的呢？爱老婆爱死的。荀粲爱老婆出名，他特别宣称，讨老婆别的都不重要，最重要是漂亮。他也果然娶了一个很漂亮的老婆（名将曹洪之女）。娶过来之后他疼惜得不得了，夏天晚上热，他就先在露天的天井里把自己摊凉，睡到床上把席子弄凉了，再让老婆来睡，免得老婆热着。到了冬天呢，他就先把自己烤热，钻进被窝里把被窝弄热了，才让老婆进来睡，免得老婆冻着。有一年冬天，他老婆感冒了，发烧，荀粲便像夏天一样跑到天井里先把自己全身冻得冰冷，再贴着老婆睡，想让老婆舒服一点。他睡一会再跑出去，再冻凉了，再跑进来，再贴着老婆睡。没想到这样反复几次，他自己也感冒了。最后老婆还是死了，荀粲悲痛得不得了，别人劝他说，你找老婆只重貌不重德，这样漂亮的女人并不难找，再找一个就是了。他却说，佳人难再得，我这个老婆虽然谈不上倾城倾国，但要再找一个这样漂亮的，也实在不容易啊。过分的伤心终于使他不到一年就送了命。

再讲一个兄弟情笃的故事，主角是王徽之。王徽之是书圣王羲之的儿子，字子猷，他有一个弟弟叫王献之，字子敬。王献之才气纵横，字写得跟爸爸王羲之一样好，父子俩在书法史上合称"二王"。王徽之非常欣赏弟弟的才华，觉得自己不如弟弟。有一次，他听说有一个法术很高深的老道可以把一个人的阳寿加到另一个人的身上，就去找这个老道，说他弟弟才气过他十倍，他希望弟弟长寿，好多做点事业，愿意把自己的阳寿送给弟弟。没想到老道算了算，说没办法。王徽之问为什么，老道说："因为你们两个人的寿命都没剩下多少了，就算把你剩下的阳寿加到他身上也没有意义。"果然不久之后他们两个都病了,两家仆人跑上跑下传达兄弟两人的相互关怀。有一天王徽之突然觉得几天没有弟弟的消息了,想到恐怕大事不妙,就不管自己重病在身,立刻叫仆人用轿子抬着自己去看弟弟。结果一到献之家里,果然发现弟弟已经死了,刚设好灵堂。他没说话,也没哭,从墙上取下弟弟平常喜欢弹的琴,坐在灵前就弹了起来。弹了几次,都不成曲调,他长叹一声,把琴摔在地上,说:"子敬啊子敬,人琴俱亡啊。""人琴俱亡"这四个字一直传到今天,还能够让人感受到王徽之对弟弟的深情和哀痛,胜过一切号哭。

再讲一个朋友情深的故事,主角还是王徽之。王徽之实在是一个很富于感情的人,不仅爱弟弟,也爱朋友。他有一个好朋友叫戴逵,字安道,就是前面提到过的东晋有名的画家、音乐家和文学家。王徽之和戴逵当时住在会稽一条叫剡溪的江边,但是相隔几十里。有一年冬天很冷,一天夜里王徽之大概是冻醒了,推开窗户一看,一片雪白,天上下着鹅毛大雪。他看了很开心,觉得很美,在房里走来走去,一边吟诵左思的《招隐诗》,突然想起自己的好友戴逵,因为戴逵也是隐士。他便马上叫仆人准备好船,冒着雪溯江而上,要去看老朋友。仆人们划到天亮,才到达戴逵门口。王徽之却突然对仆人讲:"算了,咱们回去。"仆人问:"你不是要来看朋友吗?怎么到了又要回去呢?"王徽之说:"我是乘兴而来,现在我已经满足了,就可以回去了,不一定要见到他。"王徽之就是这样一个多情而率性的人。"乘兴而来"和"兴尽而返"从此成了两个成语,现在还留在我们的字典里。

最后再讲一个父子情深的故事,主角是郗超。郗超是一个很有才华也很有抱负的人，他是桓温最信任最依靠的幕僚。桓温当时是大权在握的军阀，他有篡夺晋朝政权的野心，而郗超则认为桓温是个很有能力的人，愿意帮助桓温成就大业。他们常常在桓温家里策划阴谋。有一次两人正在卧室里密谈的时候，突然谢安来了，郗超一时无处回避，便躲到桓温的床帐后边。谢安和桓温谈起朝廷的事，郗超听得起劲，竟忘了自己是躲在帐后，居然插了一句嘴，谢安吃了一惊，但他很机灵，装作毫不在意，跟桓温开玩笑说："原来你这里还有一个入幕之宾啊。""入幕之宾"这个词从此成了"密友"（现在也常指"情人"）的代称。郗超帮桓温出主意是瞒着自己的父亲郗愔的。郗愔当时任司空，是一个忠于晋朝的老臣，父子两人政治立场刚好相反，但郗愔并不知情。没想到郗超在三十多岁的壮年得重病死了，郗愔白头送黑发，非常哀痛。郗超跟父亲感情非常好，他在病重的时候就想到如果自己死了，父亲可能会哀痛得把老命送掉，就把一个密封的小盒子交给自己亲近的仆人，说："如果老爷子只是一般的哀痛，就算了，如果他哀痛得不行，你就把这个小盒子交给老爷子。"后来郗愔果然哀痛得死去活来，仆人就照郗超说的把小盒子交给了郗愔。郗愔打开一看，盒子里面全是郗超为桓温写的篡夺晋朝政权的方案、步骤，以及跟桓温的往来密信。郗愔一看大怒，说："这小子死得好，早就该死了。"郗愔的悲痛就这样被愤怒抵消了，老命也就保住了。看，这父子俩多有意思，他们感情深不深、真不真呢？看来政治立场的不同并没有妨碍他们父子的感情，至少没有减少郗超对父亲的爱敬。

情的觉醒也是个体意识觉醒的重要表现之一，对真挚情感的追求也是一个人格独立、思想自由的人必然会具备的。魏晋南北朝时士族阶层的精英分子中，出现了许多重情的人物和故事，以上数例只是比较著名的。这种重情的风气对当时的文学艺术影响很大，中国文学的抒情特色主要就是在这个时代奠定的。中国的文学尤其是诗歌特别重视抒情，而不大注重叙事，没有出现像西方荷马史诗那样篇制宏伟的叙事诗，跟魏晋南北朝的尚情风气很有关系。魏晋南北朝正好是中国文学尤其是诗歌发展的枢纽时期。魏晋南北朝以前，除了屈原，中国基本上没有什么真正的诗人，大量诗人的出现是建安以后，也就是魏晋南北朝早期的事。而这个时候重情的风气正好在士族阶层中流行，那么后来的中国诗歌主要向抒情一面发展也就不难理解了。

第七章　看杀卫玠
——魏晋士人对美的追求

谁是美男子？

捉刀：曹操与崔琰。掷果：潘岳与左思

　　魏晋人除了重情还爱美，爱美跟重情一样，也是个体意识觉醒的表现。也许我们可以套用王戎那句话"圣人忘情，最下不及情；情之所钟，正在我辈"，说："圣人忘美，最下不及美；美（美感）之所钟，正在我辈。"

　　魏晋人爱美的例子很多，当时有本书叫《世说新语》，刘宋时代临川王刘义庆（宋武帝刘裕的侄子）写的，三十六篇，其中有一篇叫《容止》，《容止》一共有三十九则故事，几乎每一则都跟美有关，主要讲形貌之美与风姿之美，且挑几则来看看。

　　《容止》第一则讲曹操的故事。有一次曹操（那个时候他已经被封为魏王）会见匈奴使者，觉得自己长得不够威武（原文是"自以形陋"）。别以为曹操是个大英雄，一定长得多么雄壮，其实曹操是矮个子，在今天的青年看起来，根本就是"三级残废"。他觉得这很容易引起匈奴使者的轻视，因为匈奴使者一个个都人高马大，所以就让自己手下一个叫崔琰（字季珪）的大臣来假扮自己。这崔琰长得身材挺拔，个子又高，还有一口四尺长的漂亮胡子，样子又威严又儒雅，的确比曹操帅多了。曹操让崔琰坐在自己的座位上扮魏王，自己则拿着一把刀站在坐榻边，扮作魏王的随从。拜见完毕以后，曹操派人问匈奴使者："你觉得魏王怎么样？"匈奴使者说："魏王看起来非常威严儒雅，但是站在他身边拿着刀（原文是"捉刀"，"捉"在古汉语中就是拿或者抓住的意思）的那个人才是一个真正的英雄。"曹操听了以后大为惊讶，觉得这个匈奴使者太厉害，便派人追上，把他给杀了。现代汉语中还有一个成语叫"捉刀人"，用来指一件事情背后的真正策划者，代替别人写文章也可以叫作"捉刀"。"捉刀"和"捉刀人"的典故就出自这里。

曹操这个故事很能反映当时士族阶层爱美的风气。如果大家对美没有什么感觉，那曹操有什么必要让崔琰来代替自己呢？那个匈奴使者也很高明，居然能够透过外表看到一个人的内在精神。其实这也是当时的一种风气，就是对人物的鉴别，这个风气汉末以来就相当流行了。总之那个时代的人很重视一个人的外貌风姿，而且还要透过人物的外貌风姿，洞鉴他内在的精神，用今天的话来讲，就是不仅看外在美，还看内在美，透过外在看内在。

因为魏晋人爱美重视美，所以许多人因美而出名。美的女人不说，古今都一样，魏晋的特别在于许多男子也因美而出名。竹林七贤中嵇康就是有名的美男子，《世说新语·容止》说他"身长七尺八寸，风姿特秀"，高大的身材再加上一副傲视群雄的样子，自然是气概非凡。山涛形容他说："嵇叔夜之为人也，岩岩若孤松之独立；其醉也，傀俄若玉山之将崩。"

站着就像一棵挺拔的孤松，喝醉了，摇摇晃晃，像一座玉山将要倒下来的样子，这是一种什么气势！嵇康的儿子嵇绍没有父亲那么帅，还被时人形容为"卓卓如野鹤之在鸡群"，那么嵇康帅到什么程度就可以想见了。我们今天还说"鹤立鸡群"，这个成语就出在这里。

西晋还有一个著名的美男子叫潘岳，字安仁，后世小说形容美男子，往往说"貌比潘安"，其实历史上没有潘安这个人，潘安指的其实是潘岳，正确的说法是潘安仁。杜甫有一首题为《花底》的诗，中间一联说："恐是潘安县，堪留卫玠车。"为了对仗和平仄，他只好把潘安仁缩写成潘安。（如果用"潘岳"，则平仄不对；用"潘安仁"又多了一个字；用"安仁"有名无姓，跟后面的"卫玠"对得不工。）古代人写诗的时候偶尔会出现这种现象，例如把司马迁说成马迁之类。潘岳美到什么程度呢？据说他年轻的时候手里拿着弹弓，在洛阳街上散步，居然被一群女人围起来，不放他走。如果他坐马车出游，沿路的女人都会向他丢水果，往往把马车都装满了。潘岳是个著名的文学家，诗赋都写得很好。那时还有一个文学家叫左思，才华不比潘岳低，可惜长得太丑了，又没有自知之明，看到潘岳很受女人欢迎，也学着他的样子大模大样地在街上走，希望得到女人们的青睐，结果被女人们吐了一身口水，搞得狼狈不堪。

两晋之交还有一个著名的美男子，就是杜甫诗中的卫玠。卫家也是一个大士族，出了很多人才，还特别出书法家，王羲之的老师卫夫人就是这个卫家的。卫玠很早就有了美男子的名声。他家住南昌，后来有事到南京来，消息传开了，跑来看他的人多得像一堵又一堵的围墙，那情形大概像我们今天的追星族追星一样。卫玠不像嵇康那样喜欢打铁，缺乏锻炼，又不爱运动，身体不强壮，每次上街都被人堵得动弹不得，居然把他累病了，而且一病不起，死掉了，死的时候才二十七岁，实在可惜。当时的人就说卫玠是被看死的，叫"看杀卫玠"。所以粉丝多也不一定是好事，今天还没有听说哪一个明星是被看死的——看来还没有出什么惊人的美男子。

魏晋南北朝时候，士族精英分子，就是所谓名士们，都喜欢清谈，那是他们重要的学术社交活动。名士们在清谈的时候手里都会拿着一样东西，叫作麈尾。这个"麈"字上面是"鹿"，下面是主人的"主"，读 zhǔ。麈是什么东西呢？就是鹿，但不是普通的鹿，而是一群鹿的领袖，鹿们的主公，它总是走在鹿群的前面，是鹿群的旗手，整个鹿群奔向何方，就看它的尾巴怎么摆。用这种鹿的尾巴上的毛装饰的手柄，就叫麈尾。很多人会把"麈"字念错，念成尘土的"尘"，"尘"字的繁体上面是"鹿"，下面是"土"，看起来跟"麈"字很相像。因为把"麈"字念成"尘"字，许多人就以为麈尾跟拂尘是一个东西。其实古典小说或古画中道士们或神仙们手里拿的拂尘，像个马尾，是用来掸灰尘或者赶苍蝇的，跟名士们清谈时的麈尾不是一个东西。魏晋时候的麈尾有很多式样，我们今天已经看不到了，据说在日本奈良的正仓院（以保存日本圣武天皇遗物为主的博物馆）还藏有一柄。我也没见过，但看过一些图片，有点像窄窄的芭蕉扇，又有点像鸡毛掸，总之跟拂尘并不一样。魏晋名士们的麈尾是清谈时必备的道具，参加清谈的人人手一柄，清谈的时候这柄麈尾便随着讲话的姿态飞来舞去，可以帮助讲话的人表达感情，如强调、着重等，有点像从前中小学教师讲课时用的教鞭。但是麈尾更大的用处却是增加清谈之美，所以那时候的名士都尽量把自己的麈尾做得优美漂亮。单讲麈尾的柄，有用贵重的木头做的，有用漂亮的竹子做的，有用名贵的象牙或犀角做的，甚至有用雪白的和田玉做的。《世说新语·容止》第八则就说：

> 王夷甫容貌整丽，妙于谈玄，恒捉白玉柄麈尾，与手都无分别。

王夷甫就是王衍，西晋人，东晋开国宰相王导是他的族弟。王衍官做到太尉，是有名的清谈家，人又长得很帅，很爱美，皮肤又白，连麈尾柄都是白玉做的，拿在手里简直看不出哪是手哪是麈尾柄。

又《世说新语·伤逝》第十则说：

> 王长史病笃，寝卧灯下，转麈尾视之，叹曰："如此人，曾不得四十！"及亡，刘尹临殡，以犀柄麈尾著柩中，因恸绝。

王长史叫王濛，刘尹叫刘惔，两个人是好朋友，都是东晋著名的清谈家，两个人又都是帅哥。王濛病危，还拿着麈尾把玩，可见他多么爱清谈，又可以想象他的麈尾有多么精美。他拿着麈尾和自己相比，说"这样的人，居然活不到四十"，也可见他的自怜与自恋。刘惔懂得他的意思，所以在他出殡的时候把自己钟爱的犀柄麈尾放在棺材里，给他陪葬。犀牛角在当时是极珍贵的难得之物，用来做麈尾的柄，足以看出当时名士们对麈尾的讲究和对美的追求。

我们还可以看《世说新语·企羡》第六则：

> 孟昶未达时，家在京口。尝见王恭乘高舆，被鹤氅裘。于时微雪，昶于篱间窥之，叹曰："此真神仙中人！"

这则故事很容易画成一幅图画，图中一名贵族青年，乘着漂亮的高车，披着轻盈的鹤氅，从容前行，天上飘着微雪。路边有一个院子，另一名更年轻的贵族青年从篱笆的空隙处看着这位坐在车上的名士，不禁又欣赏又羡慕，感叹道："这简直跟神仙没有区别。"王恭、孟昶都是当时的名士，王恭比孟昶大，成名更早。我们由此可以推想当时贵族青年对美的追求，你看王恭穿得多么漂亮而潇洒啊。而孟昶对王恭的感叹固然有强烈的羡慕成分，同样强烈的则是他对王恭衣着、举止之美的欣赏。

总之，魏晋人对美的追求几乎表现在所有方面，包括对美的人特别是美男子的欣赏，对风姿、举止、言谈的修饰，对衣着、器具的讲究等等。特别应该指出的是，一个人美感或说审美意识的觉醒，是以个体意识的觉醒为前提的，如果没有个体意识的觉醒，没有对个体生命、自身价值的珍视，美感或说审美意识的觉醒是不可能的。有了美感或说审美意识的觉醒，才会有艺术的创造。魏晋南北朝时期文学、书法、绘画、雕刻、建筑等艺术之所以取得辉煌灿烂的成就，跟魏晋士人审美意识的觉醒与发达是紧密相关的。

还有一点需要补充，正如前一章所说，当时士人重情的风气影响到文学，产生了文学上的"尚情"倾向，当时士人对美的追求也影响到文学，产生了文学上的"唯美"倾向。魏晋南北朝文学注重形式美，修辞上讲究骈对，声韵上讲究平仄，都是这种唯美倾向的表现。尚情与唯美是魏晋南北朝时期两大文学思潮，这两大思潮都同魏晋士人的精神追求紧密相关。

第八章　治世之能臣，乱世之奸雄
——汉末魏晋的人物品评

我何如人？

月旦评　人物志

前面讲到魏晋有一种流行的风气，即对人物进行评鉴，当时多称为"人伦"，或"品藻""品评"，《世说新语》就有《品藻》篇。"品"就是定一个人的高下等差，是上品、中品还是下品，分得细一点，上中下里面可以再分上中下，就变成九品：上上、上中、上下，中上、中中、中下，下上、下中、下下。魏初的大官陈群就提倡用九品来区分人才，并设立一个名为"中正"的官员来主持，这就叫"九品中正制"。把人定为九品的目的是为了选拔官员，级别不同的官员就用品级不同的人，只有高品才能做大官，所以这种制度又叫"九品官人法"（"官"在这里是动词）。"藻"就是"鉴其文质"，鉴定一个人的才能、性情。"品"比较偏重德，"藻"比较偏重才。

人物品鉴的风气其实从汉末就相当流行了。因为时代混乱，需要真正的英雄人物出来收拾世局，重建太平，那么到底谁才是人才、如何识别人才，就变得非常重要了。当时就有一些很擅长识别人才的专家，如太原的郭泰、汝南的许劭以及许劭的堂兄许靖，据说都有这种本事。许劭兄弟甚至把它当作很重要的事情来做，每月初一发布一次评鉴结果，如果一个人的表现有变化，对他的评鉴结果也就跟着改变。时人把许氏兄弟的每月评鉴叫"月旦评"（"月旦"就是每月初一），在士族精英分子中很有名气，以至于"月旦评"后来竟成了人物品评的代名词，在后世诗文中或简称为"月旦"，如把品评人物称为"月旦人物"之类。

传说曹操年轻时名声还不大，就去找许劭，要许劭给他一个评鉴："我何如人？"——大概是想替自己做广告吧。许劭不大看得起曹操，本不愿意，奈何他软磨硬泡，结果给了他十个字的评语："治世之能臣，乱世之奸雄。"这个故事见于《世说新语·识鉴》第一则刘孝标注所引孙盛《异同杂语》。《后汉书·许劭传》也有这个故事，但评语颇不同，许劭的话是："君清平之奸贼，乱世之英雄。"而《世说新语·识鉴》第一则的本文又载说这话的人是乔玄——也就是著名美女大乔、小乔的爸爸，话也不同，说是"乱世之英雄，治世之奸贼"。总之，曹操不是个普通人物，不当英雄就当奸雄，看在什么时候。

人物品鉴的风气后来发展成为一门专门的学问，魏初就有一个叫刘劭（也作刘邵、刘卲）的学者，写了一本《人物志》，就是专门讲品鉴人物的理论和方法的。人物品鉴的问题在魏晋玄学也有所反映，成为魏晋玄学中一个著名的哲学论题，就是"才性之辩"。"才性之辩"在正始年间（240—249年）是一个很热门的话题，讨论才与性的关系问题。当时一流的玄学清谈家，如钟会、嵇康、傅嘏、李丰、王广等人都参加了讨论，而且各有各的观点。当时对才性关系的看法大致有四种，就是：才性同，才性异，才性合，才性离。①

什么是"才"，什么是"性"呢？先得弄清楚各自的定义，才好谈它们的关系。这里存在两组可能的解释，一组认为"才"是才能，"性"是德行；另外一组认为"才"是才能，"性"是这种才能所依据的天赋本质。根据第一组定义就会产生才与性是同还是异的问题，就是说德行和才能是相同的还是不同的呢？是不是品德好的人才能也高，品德不好才能也就低呢？还是说品德好不一定就才能好，品德低也不一定就才能低呢？根据第二组定义就会产生才与性是离还是合的问题，即一个人的才能和他的天赋本质是否一致的问题。天赋好是不是才能就高？天赋差是不是才能就低？这其实是说一个人的才能到底是先天决定的还是后天学到的，先天占多少后天占多少。②

关于这些问题的讨论实际是人物品鉴的哲理升华。不要以为这个问题很玄虚，辩来辩去只是书生逞口舌之快，跟实际无

① 《世说新语·文学》："钟会撰《四本论》始毕，甚欲使嵇公一见，置怀中，既定，畏其难，怀不敢出，于户外遥掷，便回急走。"（刘注："《魏志》曰：'会论才性同异，传于世。'四本者，言才性同，才性异，才性合，才性离也。尚书傅嘏论同，中书令李丰论异，侍郎钟会论合，屯骑校尉王广论离。"）

② 冯友兰说："从一些现存的残缺材料看起来，所谓才、性，有两方面的意义。一方面，所谓性，是指人的道德品质；所谓才，是指人的才能。在这一方面说，所谓才、性问题，就是'德'和'才'的关系的问题。另外一方面，所谓才，是指人的才能；所谓性，是指人的才能所根据的天赋的本质。在这个方面，所谓才、性问题就是一个认识论的问题：人的才能主要是由一种天赋本质所决定的，还是主要从学习得来；是先天所有的，还是后天获得的。"（见《中国哲学史新编》，人民出版社1998年出版）

关，其实它跟当时的社会政治是紧密相关的。《三国志·武帝纪》说曹操在建安十五年（210 年）春下了一道"求贤令"，是这样的：

> 自古受命及中兴之君，曷尝不得贤人君子与之共治天下者乎！及其得贤也，曾不出闾巷，岂幸相遇哉？上之人不求之耳。今天下尚未定，此特求贤之急时也。"孟公绰为赵、魏老则优，不可以为滕、薛大夫。"若必廉士而后可用，则齐桓其何以霸世？今天下得无有被褐怀玉而钓于渭滨者乎？又得无盗嫂受金而未遇无知者乎？二三子其佐我明扬仄陋，唯才是举，吾得而用之。

"被褐怀玉而钓于渭滨"指的是姜太公吕尚。这个后来帮助文王、武王建立周朝八百年天下的大政治家、军事家，一直怀才不遇，到八十岁了还在渭河边钓鱼。"盗嫂受金而未遇无知"讲的是陈平，后来做了汉朝的宰相，据说他年轻的时候曾经和嫂子私通，又曾经接受过别人的贿赂。曹操说这样的人都可以用，叫大家"唯才是举"。

建安十九年（214 年）十二月，曹操又下了一道旨趣相同的命令：

> 夫有行之士，未必能进取；进取之士，未必有行也。陈平岂笃行，苏秦岂守信邪？而陈平定汉业，苏秦济弱燕。由此言之，士有偏短，庸可废乎！有司明思此义，则士无遗滞，官无废业矣。

苏秦是战国时代有名的纵横家。纵横家都是些投机分子，以口才取胜，没有什么固定的宗旨，只要能打动当时的国君获得权位就好。苏秦原来主张"连横"，想说服秦国的国君横向联合齐、鲁等国，逐渐达到统一天下的目的，秦王没有采纳；他又转过头来以"合纵"来说服秦国以外的六强，叫他们纵向联合起来以对抗秦国。纵横家当然不是什么守信之人，曹操说这样的人也可以用。

建安二十二年（217年）八月，又有一道：

> 昔伊挚、傅说出于贱人，管仲，桓公贼也，皆用之以兴。萧何、曹参，县吏也，韩信、陈平负污辱之名，有见笑之耻，卒能成就王业，著声千载。吴起贪将，杀妻自信，散金求官，母死不归，然在魏，秦人不敢东向，在楚，则三晋不敢南谋。今天下得无有至德之人放在民间？及果勇不顾，临敌力战；若文俗之吏，高才异质；或堪为将守，负污辱之名、见笑之行；或不仁不孝而有治国用兵之术：其各举所知，勿有所遗。

伊挚、傅说分别是夏商时期的名相，年轻时地位很低，伊挚是个厨师，傅说是个土木工。管仲是春秋时代齐国的宰相，本来是齐桓公小白的政敌公子纠的谋士，是反对小白的，被打败后没有自杀殉主，却投降了小白，终于帮小白建立了霸业。萧何、曹参、韩信、陈平都是汉初的大臣。韩信大家都知道，是刘邦的大将。他年轻的时候被几个流氓混混戏侮，叫他从裤裆底下钻过去，他居然不反抗就钻了，行为像个胆小鬼。萧何、曹参年轻的时候不过是沛县的小公务员，后来都做到宰相。吴起是战国时代的名将，娶齐妻，鲁国国君想用他为将，又担心他跟齐国割不断感情，吴起竟把自己的齐国老婆杀了，以表示自己对齐国不留恋，母亲死了，他也不回去。这些人在当时的人看来都是行节有亏的，甚至是不仁不义的，曹操说这样的人也可以用。

曹操这三道命令内容大致相同，目的都是求才，还真有求贤若渴的味道。三国时代魏国人才最多，力量最强，显然跟曹操这种态度有关。但这三道命令反映出，曹操对于德才问题的看法是相当反传统的，特别是反儒家传统的。曹操的观点显然偏向"才性异""才性离"，这种观点在大动乱的时代大概颇有市场。在大动乱过去，曹丕称帝之后，风气就有了变化。当时魏国掌管干部选拔的吏部尚书卢毓选人才时就主张"先举性行，而后言才"，李丰质疑，他回答说："才所以为善也，故大才成大善，小才成小善。今称之有才而不能为善，是才不中器也。"意思是，做好事才算有才，有才而不能做好事，那就不能叫有才。这其实就是主张"才性同""才性合"的意思了，跟曹操的观点是大不相同的，又回到儒家的正统了。

再回来看魏晋的人物品评，还有一则有趣的故事，见于《晋书·桓温传》：

初，温自以雄姿风气是宣帝、刘琨之俦，有以其比王敦者，意甚不平。及是征还，于北方得一巧作老婢，访之，乃琨伎女也，一见温，便潸然而泣。温问其故，答曰："公甚似刘司空。"温大悦，出外整理衣冠，又呼婢问。婢云："面甚似，恨薄；眼甚似，恨小；须甚似，恨赤；形甚似，恨短；声甚似，恨雌。"温于是颓冠解带，昏然而睡，不怡者数日。

这个故事很有意思，首先是桓温的心态，他显然在心中不断把自己同逝去不久的英雄人物相比，希望自己跟他们一样，最好比他们更行。桓温长得大概有点特别，据说他出生的时候碰巧温峤经过他家，听到他的哭声很洪亮，就说："真英物也。"他父亲很高兴，就给他起名叫"温"，温峤的"温"。长大后，"姿貌甚伟，面有七星"（《晋书》本传），他的朋友刘惔很欣赏他，说他是孙权、司马懿一类人物（"温眼如紫石棱，须作猬毛磔，孙仲谋、晋宣王之流亚也"，见《晋书》本传）。他有北伐之志，所以又常把自己和东晋初年有志北伐的刘琨相比。无论是温峤或是刘惔的评论，或是桓温自己的自许，其实都是一种人物品鉴。而上述故事中最值得注意的是，品评者是一个老婢。这个老婢服侍过刘琨，她初见桓温时的惊讶让桓温心中窃喜，而她后来的评论又让桓温爽然若失。这老婢不可能有多少文化，大概也不懂得什么人物品鉴之理，居然说得头头是道，说明魏晋人物品鉴之风有多么流行。

《世说新语》这本书，尤其是其中《识鉴》《赏誉》《品藻》三篇中记载了很多这方面的故事，再来看看其中几个。《识鉴》第五则：

> 王夷甫父义，为平北将军，有公事，使行人论，不得。时夷甫在京师，命驾见仆射羊祜、尚书山涛。夷甫时总角，姿才秀异，叙致既快，事加有理，涛甚奇之。既退，看之不辍，乃叹曰："生儿不当如王夷甫邪？"羊祜曰："乱天下者，必此子也！"

王夷甫就是王衍，后来做到司空，是西晋末年的大官，也是对西晋的灭亡负有重大责任的人。王衍生于256年，羊祜死于278年，羊祜死时王衍才二十二岁，可见上面这个故事发生在王衍年轻的时候。山涛是以善于看人著名的，他长期担任西晋的尚书吏部郎和吏部尚书，大概相当于今天的组织部长，前后为司马氏选拔了很多干部，很少有失误的。《晋书》本传说他"前后选举，周遍内外，而并得其才"。他在王衍年轻的时候就一眼看出了王衍的才能，可见深得人物评鉴之理，后来果然应验了。但羊祜更厉害，居然看得比山涛更深一层，认为将来乱天下的就是这个王衍，这也应验了。至于他俩究竟是怎么看出来的，这个故事里没有说。

再看一个故事，是《识鉴》篇第六则：

> 潘阳仲见王敦小时，谓曰："君蜂目已露，但豺声未振耳。必能食人，亦当为人所食。"

跟前面的故事有类似之处，但是这个故事不仅讲了潘阳仲（即潘滔）对王敦的预言"必能食人，亦当为人所食"，还讲了他做出这种预测的根据——"君蜂目已露，但豺声未振耳"。后来王敦因造反而死，果然应验了潘滔的预测。到底什么是"蜂目""豺声"，向来没人能说清楚，我想大概是指眼睛圆而突出，瞳仁四周露白，说话声音高而尖，听起来有点破裂，跟我们现在说的"磁性"嗓音刚好相反。这个评语偏重外貌，有点像后世所谓的"看相"。其实魏晋时人物品评跟看相并不是一码事，大多数评语并不偏重外貌，例如《赏誉》篇以下各则：

公孙度目邴原："所谓云中白鹤，非燕雀之网所能罗也。"（第四则）

王戎目山巨源："如璞玉浑金，人皆钦其宝，莫知名其器。"（第十则）

庾子嵩目和峤："森森如千丈松，虽磊砢有节目，施之大厦，有栋梁之用。"（第十五则）

王公目太尉："岩岩清峙，壁立千仞。"（第三十七则）

这些评语其实更多偏重于对一个人精神气质的描述。第一条公孙度评价邴原的话，是说他胸怀大志，不是普通的金钱地位可以笼络的；第二条王戎评价山涛的话，是说他胸罗万象，满腹经纶，大家都知道他了不起，却说不出所以然；第三条庾敳评价和峤的话，是说他是个大才，虽然有些小缺点，却可以办大事；第四条王导评价王衍的话，是说他正直威严，高不可攀。这种描述通常采用简洁、形象而又有文采的语言，在当时叫"目"或"题目"，"目"和"题目"在这里都是动词，不是名词。

魏晋的人物品评还喜欢在人和人之间做比较，如《品藻》篇以下各则：

顾劭尝与庞士元（庞统）宿语，问曰："闻子名知人，吾与足下孰愈？"曰："陶冶世俗，与时浮沉，吾不如子；论王霸之余策，览倚伏之要害，吾似有一日之长。"劭亦安其言。（第三则）

诸葛瑾弟亮，及从弟诞，并有盛名，各在一国。于时以为蜀得其龙，吴得其虎，魏得其狗。诞在魏，与夏侯玄齐名；瑾在吴，吴朝服其弘量。（第四则）

明帝问谢鲲："君自谓何如庾亮？"答曰："端委庙堂，使百僚准则，臣不如亮；一丘一壑，自谓过之。"（第十七则）

时人道阮思旷骨气不及右军，简秀不如真长，韶润不如仲祖，思致不如渊源，而兼有诸人之美。（第三十则）

以上例子说明，人物品评的确是汉末魏晋之间在贵族知识分子中非常盛行的一种风气，名士们不仅乐此不疲，还把它上升为理论。此后对人物的鉴识、品评成为中国传统文化中很重要的现象，一直流行不辍。但后世常流为看相算命，魏晋时代那种偏重精神、带有审美意味的人物评论则不多见了。

第九章　六籍乃圣人之糠秕！
——魏晋名士的清谈沙龙

魏晋清谈怎样谈？清谈真的误国吗？

王弼与郭象，王衍与王导

　　讲魏晋风流不能不讲清谈，没有魏晋清谈也就没有魏晋风流，魏晋风流表现在许多方面，但清谈肯定是风流的最重要组成部分之一。

　　说到清谈，实在存在太多误解。清谈这个词，在今人的嘴里负面的含义多于正面的含义。人们常常用清谈这个词来指那些不着边际的高谈阔论，尤其指只说不做、无补于事的空虚之谈，甚至用来指那些茶余饭后东拉西扯的侃大山。其实清谈这个词在魏晋时候完全是正面的意思，负面色彩是后世加上去的。即使在学术圈子里，对清谈的误解也很多，比如"清谈误国"这种说法几乎牢不可破，没有几个人敢否定。其实到底什么是清谈，清谈怎么谈，谈些什么，谈了多久，没几个人知道。说得直率一点，尽管一般研究魏晋文史的人不会把清谈误解为毫无意义的聊天，大概也没有多少人知道"清谈"这个词在魏晋时代比"谈玄"有更广泛的意义。当时专指谈玄的话，并不用"清谈"这个词，更多是用"清言"或"谈"。用"清谈"专指谈玄也是后世学者的误用，大约起于明清之际。总之，关于魏晋清谈我们知道得很少，研究得很不够。我在哥大念博士的时候，写的博士论文就是研究清谈的，英文题目是 *The Vioces of Wei-Jin Scholars: A Study of Qingtan*，后来翻译成中文，叫《魏晋清谈》，1991 年在台北出版。在我这本书出来之前，无论是中文、日文、英文或其他外文，还没有一本专门研究魏晋清谈的学术著作。

魏晋清谈是非常复杂的一个问题，下面来看一下大概情形。

清谈到底是什么呢？如果用一句容易懂的话来说，清谈就是魏晋南北朝时士族精英分子的学术沙龙。"沙龙"（salon）源自法国话，指的是十七、十八世纪在法国知识分子当中流行的一种社交活动，曾经为二十世纪的中国知识分子所艳羡，所以"沙龙"这个外来词比"清谈"这个中国词更流行。

平心而论，法国的文艺沙龙哪里能跟中国的魏晋清谈相比？这不是自大而是事实。法国的沙龙大概流行了不到两百年，魏晋的清谈延续了四百年。虽然沙龙和清谈大体上都是糅合学术、社交、游戏的成分在内，但是清谈的学术性质显然要比沙龙强，产生的思想成果也要比沙龙多。魏晋南北朝四百年间，中国思想学术的演进所凭借的主要手段就是清谈，魏晋玄学基本上就是魏晋清谈结出来的学术果实。就社交和游戏这一点说，清谈的斗智色彩也比沙龙浓厚，沙龙更多像讨论，清谈更多像辩论。沙龙多半由一个美丽的贵族妇女主持，参与者大都是文化名流，大家就文学和哲学的问题发表见解，比较随性。而清谈通常是由两个人就一个哲学命题进行辩论，比如前面提过的"圣人有情无情"的问题、"才性"的关系问题。一人为主，一人为客，各执一理。比如主方执"圣人有情"之理，客方执"圣人无情"之理。主方先叙理，客方再反驳，主方再辩，客方再驳。手挥麈尾，言辞精妙，声情优雅，充满机锋，而且有一套约定的程式和规矩。参与者全是士族精英分子，也就是名士。有主持人，即谈座的主人，称为谈主。这个谈主不是美艳妇人，而是社会地位和学术地位都很高的名士。两人辩论的时候，其他人不得插话，而是静静地欣赏。一辩一驳，称为一番或者一交。来来往往，可至数十番，延续一两个钟头，直到一方认输。最后辩赢的一方所执之理则称为胜理。于是主宾皆欢，气氛热烈而融洽。

　　魏晋人喜欢饮酒，好事的人就常常把魏晋人的饮酒与清谈联系在一起，直到现在还有许多人认为，所谓清谈就是当时的名士们一边喝酒一边聊天，只是言辞精美一点，谈的是文学和艺术。这其实是很大的误解，如果用以描写法国十七、十八世纪的文艺沙龙，倒是比较像。中国魏晋的清谈其实是很不相同的，清谈更多的是一种智力博弈。清谈是很认真的，有时候还相当紧张，辩论的双方也很在意输赢，因为这牵涉他们的名声。清谈不仅讲究言辞和技巧，更重要的还是内容；内容也主要不是文学和艺术，多半是哲理。辩论时也不喝酒，不吃饭，喝酒吃饭是清谈之后的事。关于清谈紧张而激烈的状况，可以举一则《世说新语》中描写清谈的故事来看看。《文学》篇第三十一则说：

　　　　孙安国往殷中军许共论，往反精苦，客主无间。左右进食，冷而复暖者数四。彼我奋掷麈尾，悉脱落满餐饭中。宾主遂至莫忘食。殷乃语孙曰："卿莫作强口马，我当穿卿鼻！"孙曰："卿不见决牛鼻？人当穿卿颊！"

孙安国是孙盛，安国是他的字；殷中军是殷浩，中军是中军将军的简称，是殷浩的官职。孙盛与殷浩两个人都是当时有名的清谈家，这一段是写他们两个的清谈如何精彩激烈。两个人来往辩论，不分高下，激烈的时候将手里的麈尾像兵器一样挥来挥去，麈尾上的毛都甩掉了，落在饭盆里。看来两个人已经辩论了很久，仆人们担心他们饿了，把饭菜端上来，他们却不愿意停止辩论，饭菜凉了，仆人们热好再送上，结果又等得凉了，又去热，以至于"冷而复暖者数四"，甚至"至莫忘食"。这里"莫"字是"暮"字的通假字，是傍晚的意思。假定他们下午三四点钟开始辩论，至暮，至少已经到了五六点钟吧，如果是夏天说不定是六七点钟，岂不是辩论了两三个钟头？看来最后未分胜负，殷浩对孙盛说："你不要做强口马，我要用绳子穿上你的鼻子，让你输得服服帖帖。"孙盛也反唇相讥："你没看到那犟脾气的牛？犟得把鼻子都拉掉了，结果被人在脸上打个洞，再穿上绳子，最后还是得服输。"

清谈到底谈些什么内容呢，或说辩论些什么道理呢？总结起来，大致有以下几个方面：

第一，三玄及其注解。三玄是清谈所依据的基本经典，就是《周易》《老子》和《庄子》。这三本书是先秦经典中最富于哲理的书，涉及宇宙、社会、人生、人性等各方面的基本问题。谈士们从这三本经典中抽出一些基本观点来进行辩论和讨论，所以清谈又称谈玄，就是这个原因。清谈中还常常会涉及各家注解异同的辩论。

第二，名家学说。名家用今天的话来讲就是逻辑学家。但是在中国传统中，名家经常被曲解，常常被当作诡辩家，因为他们常常提出一些超出一般人常识范围的命题。名家中有个人叫公孙龙，他就提出好几个这样的命题，例如"白马非马""指不至，至不绝""离坚白"等。还有一些名家，包括庄子的好朋友惠施在内，则提出另外一些命题，例如"合同异""天与地卑，山与泽平""卵有毛""一尺之棰，日取其半，万世不竭"之类。这些命题并非诡辩，其实包含了很深奥的哲理，又很容易引起有趣的辩论，所以是清谈家们很喜欢的论题。

第三，特别值得注意的是当时思想家们提出的新的哲学命题及其论辩。例如我们前面讲过的"圣人有情无情之辩""才性之辩"，又如"有无本末之辩""自然名教之辩""性情之辩""君父先后之辩"等。其中"有无本末之辩"与"自然名教之辩"是当时最著名的两大辩论，牵涉现象和本质的问题、宇宙万物存在的根本依据问题、儒道异同及孔老高下问题。经过这两大辩论，本来看起来互相对立的儒家和道家，终于有了融合的可能。从此，融合儒道、儒道互补就成为魏晋时期的主流思潮，并且由此奠定了中国传统文化的基本性格，也奠定了中国传统知识分子的基本文化人格。

第四，东晋以后的清谈还常常以佛理为论题，这样就把外来的佛教带进了中国知识精英圈中，逐渐中国化，到隋唐时盛极一时，变成具有中国特色的佛教，也就是禅宗。

第五，到清谈后期尤其是南北朝以后，儒家的礼和律也常常成为清谈辩论的对象。例如丧礼，父母死了，儿女要怎样守孝？守多久？祖父死了，做孙子的要守多久的孝？祖母死了，又要守多久的孝？这之间应该有什么样的区别？什么情形之下可以免守（古人叫"夺情"）？律也一样，犯什么样的罪要怎么处罚？什么情形之下可以免罚？等等。古人在这些方面，尤其是礼的方面，是讲得很细的。

清谈起于三国时魏正始年间，一直到隋初才结束，前后几起几落三百五十余年。下面介绍几个重要的阶段和几位代表性的人物。

第一个值得注意的阶段是魏初太和年间（227—233年），可以称为清谈的雏形期。最早的清谈领袖是荀粲，他提出了一个革命性的口号，说"六籍乃圣人之糠秕"，一举打破了两汉独尊儒家的沉闷空气。"六籍"就是"六经"，是儒家奉为经典的六部古籍：《诗》《书》《易》《礼》《春秋》《乐》。《乐》后来散失，剩下五经，即后世说的"四书五经"的"五经"。"糠秕"就是谷壳和中间没米的秕谷，是磨谷剩下来的粗糙部分，说六籍是圣人之糠秕，等于说六籍当中没有包含圣人的精华，只是一些比较浅显粗糙的道理。荀粲凭什么这样说呢？凭的是《论语》当中子贡的一句话："夫子之文章，可得而闻也；夫子之言性与天道，不可得而闻也。"（见《公冶长第五》）孔子是以六经做课本来教学生的，既然孔子没有谈到"性与天道"，可见六经当中没有记载性与天道的道理。孔子当然不是不懂性与天道，而是觉得性与天道这样精微的道理他的学生听不懂，所以没有讲。由此可见圣人精微的道理没有说出来，也没有记载在六经里。那么这精微的道理在什么地方呢？一个可能是六经之外的其他古籍，另外一个可能是从未被记载过，需要我们自己去研究去探讨。这就是后来魏晋玄学家们敢于引进其他各家的典籍，如《老子》《庄子》，又大胆提出许多新的哲学命题来讨论的依据所在。荀粲的说法在当时是非常大胆的，因为儒学在汉武帝接受董仲舒"罢黜百家，独尊儒术"的建议后，成为汉朝的国家意识形态，具有不可批评的神圣地位，已经历时四百余年，而荀粲却不客气地说"六籍乃圣人之糠秕"，岂非石破天惊？而荀粲此说竟被当时的名士也就是精英知识分子普遍接受了，从此就将牢不可破的儒家体系打开了一个缺口。这个缺口打开以后，在汉朝的时候处于被压抑地位的种种思想一股脑涌了进来，终于造成了一场思想界的革命。这场革命的特点是先秦诸子某种程度的复兴，最后以儒道两大家的融合而结束。这儒、道的融合便是玄学，所以荀粲是魏晋玄学的开创者，是为魏晋玄学放下第一块基石的人。

接下来的清谈领袖是何晏与王弼，特别是王弼。王弼是继荀粲之后魏晋玄学与清谈最了不起的功臣，荀粲的功劳是打开大门，而王弼则是为魏晋玄学与清谈奠定了基本架构。王弼对老子"道生万物"的思想进行发挥和改造，以"道"为"无"，以"天地万物"为"有"，并构建了"以无为本，以有为末"的本体论框架，认为"无"是"有"的本原和依据，也就是说，"天地万物"只是表象，"无"才是本质，"无"是"万有"的共相。"无"（或"道""自然"）是道家的理论基础，"有"（或"万物"，包括社会、政治、文化制度，即所谓"名教"）是儒家的根本关怀，一个是"本"，一个是"末"，但同属一棵树。于是，道、儒从原本截然不同甚至对立的理论变成了本是一体、互相依赖的理论，这样先秦思想中的两大家儒和道不仅有了融合的可能，而且还有了融合的必要。这也就是玄学的根本宗旨，是魏晋清谈反复辩论得出的最后结论。何晏、王弼不仅是理论家，也是清谈高手，由于他们的努力，使得魏正始年间（240—249年）出现了玄学清谈的第一个高峰，也是以后清谈的榜样，史称"正始之音"。

稍后玄学清谈的标志性人物是竹林七贤，他们的主要活动时间是曹魏的嘉平年间，具体说是在250—262年，其中最重要最有代表性的人物是嵇康和阮籍。嵇、阮都善于清谈，但当时时局险恶，司马氏为了篡夺曹魏政权，用卑鄙残酷的手段消灭异己政敌。249年，司马懿制造高平陵事件，诛曹爽、何晏等共八族；254年，司马师又杀夏侯玄、李丰等共三族。一时气氛肃杀，"名士少有全者"。在这种情形下，嵇、阮他们不敢高谈阔论，在一起主要是喝酒，用酒来麻痹自己。后世以为清谈必喝酒，其实清谈跟喝酒没有必然的联系，竹林七贤爱喝酒其实是时势使然。不能清谈，他们就改为著书，嵇、阮写了许多重要的玄学著作。像嵇康的《养生论》《声无哀乐论》，阮籍的《达庄论》《大人先生传》等，都是玄学的重要理论文章。从清谈的角度看，竹林时期其实是一种变调，因为它不是以谈为主，而是以写为主。

262年，嵇康、吕安等人被司马昭所杀以后，大家就更不敢聚在一起清谈了，怕引起司马氏的猜疑，玄学清谈便跌入低谷，处于沉寂状态。直到西晋元康年间（291—300年），又出现了第二个清谈高潮，其中代表人物是王衍和郭象。现代汉语中有两个成语，一个是"信口雌黄"，一个是"口若悬河"，前者出自王衍的故事，后者出自郭象的故事。王衍地位很高，当了太尉，人又长得潇洒，很会清谈，最难能可贵的是还颇谦虚，如果他清谈中有什么不妥的地方，别人指出来，他立刻就加以改正，所以当时的人说他是"口中雌黄"。雌黄是一种颜料，在这里是改正的意思，古人写文章，如果写错了字，就在旁边用毛笔蘸点雌黄点两点，所以"口中雌黄"是随口改正的意思。本来这是个好词，后来变成"信口雌黄"，就成贬义词了，这显然不应该算到王衍头上。郭象是个思想家，他给《庄子》做了注解，并且借注《庄子》的机会建立了自己的哲学体系。自郭象注《庄子》以后，《庄子》就被名士们所喜爱，成了三玄的经典之一。郭象反对王弼认为"无"是"万有"的共相的观点，尤其反对"有生于无"。他认为"天地万物"既是现象也是本质，宇宙中从来不存在"无"的阶段，"天地万物"不是从"无"产生的，而是本来就这样，是各自"自生""独化"而成的。"天地万物"到底有没有一个共相，或者说有没有一个共同的本原、共同的本质，无非是两个答案，一个是"是"，一个是"否"，王弼主张"是"，郭象主张"否"。主张"是"的一派，就是我们所称的唯心主义；主张"否"的一派，就是唯物主义。在哲学史上这两派一直存在着，谁也说服不了谁，谁也战胜不了谁，恐怕将来永远都是这样，没有可能也没有必要寻求一个统一的答案。在理论上王弼和郭象代表了本体论的两翼，可以说他俩是魏晋玄学中最有代表性的两个人物。郭象的清谈也非常高明，时人形容他清谈起来如"悬河注水"，源源不绝，所以"口若悬河"就成了一个成语，形容一个人口才非常好。

西晋八王之乱起来之后，社会一片混乱，人们连活着都成问题，清谈自然更顾不上了。直到东晋政权建立以后，社会逐渐恢复平静，士族阶层再次回到稳定而富裕的生活，清谈才又热闹起来。这里承前启后的重要人物是王导，而后来著名的清谈家则有殷浩、王濛、刘惔、孙盛、支遁等人，其中殷浩的名气最大，王濛、刘惔名气也不小，可惜都没有什么著作。孙盛和殷浩齐名，而且有理论著作，写过《老子疑问反讯》《老聃非大贤论》。他的观点比较偏向儒家，在魏晋玄学中代表靠近儒家的一支。支遁又叫支道林，是个和尚，在把佛理引进清谈这一点上有很大的功劳。他出身士族，在出家前已经通晓了中国传统文化的经典，出家后又精通了佛家的经典，佛教徒把佛家经典叫"内典"，其他经典叫"外典"，所以支遁是一个兼通内外的人，他可以用内典和外典互相参照、阐发，这就是他的理论优势。好比今天的学者，如果不仅熟悉中国文化，也熟悉西方文化，就会比只懂中国文化的学者高明，所以支遁比当时其他清谈家都高出一筹。他写过一篇颇有名的论文叫《即色论》，重点就是诠释《般若波罗蜜多心经》里"色不异空，空不异色，色即是空，空即是色"的思想，这里的"色"是物质、实体的意思，不是"好色"的"色"。这句话意思是，物质和虚空本质上一致，物质会归于虚空，虚空里有物质。现在很多人把这句话理解为"色欲或者说男女情爱到头来是一场空"，当然是一种可爱的误解。

东晋灭亡以后，江南又先后出现四个政权，即宋、齐、梁、陈，历史上叫作南朝。清谈在南朝有没有继续下去呢？我们现在讲魏晋清谈，有些人就误以为南朝没有清谈了，其实不对，在南朝一百六十多年间，清谈没有中断过，一直是贵族知识分子所热衷的文化活动。不过南朝的清谈虽然也很热闹，在理论上却没有什么创新，游戏色彩加重了，因而不为学术界所重视，谈到清谈重点都放在魏晋，所以叫魏晋清谈。南朝清谈质量不如魏晋，但如果把它看成可有可无而提都不提，也是偏见。我们今天研究清谈，许多资料其实都是南朝的记载，例如"三玄"一词，最早见于颜之推的《颜氏家训》，"玄学"一词，最早见于沈约的《宋书》，颜之推和沈约都是南朝人。

清谈活动的真正衰落是在隋唐建立科举制度之后。科举制度的出现一下子把知识分子的注意力都吸引过去了，他们从此有了一个新的更好的表现舞台，一个新的更好的竞争场合，也有了新的游戏方式与游戏规则，延续了四百年的玄学清谈这才逐渐退出历史舞台。

清谈不是聊天，不是侃大山，它虽然带有游戏的色彩，但本质上是学术性的辩论，所以不是随便什么人都可以参加清谈的，要成为一个好的清谈家更不容易。首先，一个好的清谈家必须熟悉传统经典，尤其是《周易》《老子》《庄子》，即所谓"三玄"，还必须思想缜密，反应敏捷，才能够适时地旁征博引，取得辩论优势。其次，他不仅要有丰富的学识，还必须有独到的见解，能够"拔新领异"，即用新观点、新论述来驳倒对方。此外他还必须有极好的表达能力，语言流畅：或简洁，一语中的；或优美，辞藻华丽。甚至说话的声调、音色、节奏都要漂亮，恰到好处，所谓"美音制""泠泠若琴瑟"。最后还要讲究辩论时的风采，清谈高手往往都是风度翩翩的名士，内在的智慧、精神、人格与外在的风貌、神态、声音完美地结合在一起，才能成就一流的清谈家。

清谈还有很多讲究。它有一定的程序，有专门的术语，甚至还有道具。这道具就是麈尾，是清谈时拿在手中用来配合情绪表达的。当时的麈尾做得极其精美，名士们拿在手里就是一种很好的装饰，跟美女戴首饰一样。

在魏晋南朝接近四百年的历史中，清谈是知识分子最重要的文化活动，也是那个时期中国学术思想演进的基本手段，其直接结果就是产生了魏晋玄学，同时也推动了整个民族精神文明的发展，其意义是绝不应当被低估的。但是历来有"清谈误国”一说，不仅有政治家也有学者，很多人都对清谈抱批判态度，这是怎么回事呢？

"清谈误国"之说，最早见于王衍临死时的自责，说："呜呼！吾曹虽不如古人，向若不祖尚浮虚，勠力以匡天下，犹可不至今日。"其后干宝在《晋纪·总论》中批评当时清谈之风，说："学者以《庄》《老》为宗，而黜六经；谈者以虚薄为辩，而贱名俭。"东晋王羲之也曾经对谢安说："虚谈废务，浮文妨要，恐非当今所宜。"这些批评都还不算十分严苛，也没有直斥"误国"。到明末清初的学者顾炎武的《日知录》"正始"条里，则直言"刘、石乱华本于清谈之流祸"，甚至以"亡天下"之罪归之：

> 有亡国，有亡天下。亡国与亡天下奚辨？曰：易姓改号，谓之亡国；仁义充塞，而至于率兽食人，人将相食，谓之亡天下。魏晋人之清谈何以亡天下？是孟子所谓"杨、墨之言，至于使天下无父无君，而入于禽兽者也"。昔者嵇绍之父康被杀于晋文王，至武帝革命之时，而山涛荐之入仕。绍时屏居私门，欲辞不就。涛谓之曰："为君思之久矣。天地四时犹有消息，而况于人乎？"一时传诵，以为名言。而不知其败义伤教，至于率天下而无父者也。

从此以后，"清谈误国""清谈亡国"便成为众口一词的铁铸公案了。其实顾炎武在这里批判的是魏晋时出现的他认为错误的一类思潮，既非清谈这种活动本身，也非清谈当中的所有思想。如果我们仔细分析一下王衍们亡国的原因，显然并不在清谈，而是当时的衮衮诸公（王衍所说的"吾曹"）既无治国的才能又不努力办事的缘故。清谈与国事的关系正如同看书、下围棋、看电影、打高尔夫球与国事的关系一样，实在无所谓误不误的问题。当然，一个负重要责任的政治领袖如果丢下正事不干，一味沉溺在这些爱好里，当然是要误事的。但误事的是"沉溺"，不是围棋、电影、高尔夫球本身，只要你不沉溺，下围棋、看电影、打高尔夫球都是很好的活动，不仅不会误国，而且有益身心健康与精神文明。清谈也是一样，只要政治搞好了，经济搞好了，清谈怎么会误国？王导、谢安都是有名的清谈家，他们何尝误了国，怎么到王衍手中就误了国？可见问题不在清谈，问题在王衍。王衍没有经邦治国的本事，又一天到晚高谈阔论，不干正事，那不误国才怪。

第十章　觞酌流行，丝竹并奏，
酒酣耳热，仰而赋诗
——魏晋南北朝的文会

中国文人的集会起于何时？

南皮之游　金谷园　兰亭会

魏晋时期除了盛行清谈，还流行另一种活动，那就是文会。

清谈是学者的聚会，思想家的聚会；文会则是文人的聚会，诗人的聚会，作家的聚会。"文会"二字，来自《论语》，《论语·颜渊》有"君子以文会友"之语，文会文会，也就是以文会友。今日中国的文人聚会实在是太常见了，民间的不说，光官方的作家协会就遍布全国所有的省、市、县，除了定期开会以外，各种各样的聚会随时都有，还有数不清的杂志，多如牛毛的文集。但是在古代，事情就没有那么容易了，交通不便，印刷更难，要想聚一次会编一个集子，那可是一件了不得的大事。

从历史记载看，中国最早的文人集团恐怕要算建安时代的"三曹七子"。"三曹"是曹操、曹丕、曹植，"七子"是孔融、陈琳、王粲、徐幹、阮瑀、应玚、刘桢，此外还有吴质、邯郸淳、繁钦、路粹、丁仪、丁廙、杨修、荀玮、应璩等人，也属于这个集团。除了曹操、孔融属于长一辈，其他人都是与曹丕、曹植兄弟年龄差不多的文学青年，这些青年常常在一起游宴赋诗。现在读曹丕给吴质的信，我们还可以依稀想象当年他们才情焕发、豪气干云的情景：

> 季重无恙。途路虽局，官守有限。愿言之怀，良不可任。足下所治僻左，书问致简，益用增劳。每念昔日南皮之游，诚不可忘。既妙思六经，逍遥百氏，弹棋间设，终以六博。高谈娱心，哀筝顺耳。驰骋北场，旅食南馆。浮甘瓜于清泉，沉朱李于寒水。白日既匿，继以朗月，同乘并载，以游后园。舆轮徐动，参从无声，清风夜起，悲笳微吟。乐往哀来，怆然伤怀。余顾而言："斯乐难常。"足下之徒，咸以为然。今果分别，各在一方。元瑜长逝，化为异物。每一念至，何时可言！

这里提到的"南皮之游"就是这群朋友的聚会。南皮是地名，当时属渤海郡，在今河北。这聚会中有清谈——"妙思六经，逍遥百氏""高谈娱心"；有游戏——"弹棋间设，终以六博"有音乐——"哀筝顺耳""悲笳微吟"；还有创作，曹丕在给吴质的另一封信里就提到了：

> 岁月易得，别来行复四年。三年不见，《东山》犹叹其远，况乃过之，思何可支？虽书疏往返，未足解其劳结。昔年疾疫，亲故多罹其灾。徐陈应刘，一时俱逝，痛可言邪？昔日游处，行则连舆，止则接席，何曾须臾相失？每至觞酌流行，丝竹并奏，酒酣耳热，仰而赋诗，当此之时，忽然不自知乐也。谓百年已分，可长共相保。何图数年之间，零落略尽，言之伤心！顷撰其遗文，都为一

集。观其姓名，已为鬼录，追思昔游，犹在心目，而此诸子，化为粪壤，可复道哉！

"仰而赋诗"显然是他们聚会中的一个重要内容，"南皮之游"大概是我们在历史记载中能见到的最早的文会。这封信中特别值得注意的还有这句话："顷撰其遗文，都为一集。"文人为朋友的作品编集，使它们得以流传，不致散佚，曹丕恐怕是历史上第一人。

建安以后，文人结合成团体，举行文学性的集会，在团体内互相酬答，在集会中即兴创作，事后编集流传。这样一种新型的文学活动方式和新型的文学传播方式，就逐渐蔚成风气。

到西晋时就有以贾谧为中心的著名的"二十四友"。贾谧是皇家贵戚，他的母亲是贾午，即皇后贾南风的妹妹，他的父亲是韩寿。韩寿与贾午有一段浪漫的爱情故事①，唐朝诗人李商隐的诗"贾氏窥帘韩掾少，宓妃留枕魏王才"，前一句就是用的这个典故。贾谧本姓韩，因为贾充子早死，他过继到外家便跟母姓了。贾谧是贵戚，书读得不错，是个才子，又做到"秘书监"的大官，集富贵、才华于一身，所以在当时颇有号

---

① 见《世说新语·惑溺》第五则："韩寿美姿容，贾充辟以为掾。充每聚会，贾女于青琐中看，见寿，说之，恒怀存想，发于吟咏。后婢往寿家，具述如此，并言女光丽。寿闻之心动，遂请婢潜修音问，及期往宿。寿蹻捷绝人，逾墙而入，家中莫知。自是充觉女盛自拂拭，说畅有异于常。后会诸吏，闻寿有奇香之气，是外国所贡，一着人则历月不歇。充计武帝唯赐己及陈骞，余家无此香，疑寿与女通，而垣墙重密，门阃急峻，何由得尔？乃托言有盗，令人修墙。使反，曰：'其余无异，唯东北角如有人迹。而墙高非人所逾。'充乃取女左右婢考问，即以状对。充秘之，以女妻寿。"

召力，成了文坛的领袖。同时的许多贵族文人便集聚在他周围，有二十多人，号称"二十四友"，简直成了作家协会。

这"二十四友"几乎囊括了那个时代一流的文学家，如陆机、陆云、左思、潘岳、挚虞、刘琨、石崇、欧阳建等人。这些人除在贾谧豪华的府邸里宴饮之外，还常常在石崇那著名的金谷园里集会。① 他们在金谷园集会中究竟赋了些什么诗，现已不可考，但《文选》卷二十载有潘岳诗一首，题为《金谷集作》。此外，我们知道金谷诗人也曾将他们的诗编成一集，名曰《金谷诗》，石崇曾为之作叙（"叙"同"序"，古通）。《世说新语·品藻》第五十七则刘孝标注曾引此叙，其文云：

> 余以元康六年从太仆卿出为使，持节监青徐诸军事、征虏将军。有别庐在河南县界金谷涧中，或高或下，有清泉茂林、众果、竹、柏、药草之属，莫不毕备。又有水碓、鱼池、土窟，其为娱目欢心之物备矣。时征西大将军祭酒王诩当还长安，余与众贤共送往涧中，昼夜游宴，屡迁其坐，或登高临下，或列坐水滨。时琴瑟笙筑，合载车中，道路并作；及住，令与鼓吹递奏。遂各赋诗以叙中怀，或不能者，罚酒三斗。感性命之不永，惧凋落之无期，故具列时人官号、姓名、年纪，又写诗著后。后之好事者，其览之哉！凡三十人，吴王师、议郎关中侯、始平武功苏绍，字世嗣，年五十，为首。

① 见《晋书·刘琨传》："（琨）年二十六，为司隶从事。时征虏将军石崇河南金谷涧中有别庐，冠绝时辈，引致宾客，日以赋诗。琨预其间，文咏颇为当时所许。秘书监贾谧参管朝政，京师人士无不倾心。石崇、欧阳建、陆机、陆云之徒，并以文才，降节事谧，琨兄弟亦在其间，号曰'二十四友'。"

这样看来，石崇之编《金谷诗》同当年曹丕之为徐、陈、应、刘等人编集，动机都是一样的，都是文人为友朋编集作为纪念，为免于散失而广流传。《金谷诗》比曹丕编的集子显然又进了一步。第一，曹丕是为死友编集，《金谷诗》编集时诸人都还健在；第二，曹丕编的是各人不同时期的作品，《金谷诗》编的却是大家在同一个场合为同一个主题作的诗，而且看起来是在集会后很短的时间内就编好的。这不禁使我们想起现代的学术讨论会，大家在会上发表论文，会后很快就编成集子出版，我们自以为很现代化，其实我们的祖先在一千七百多年前就已经做得差不多了。可以想象，金谷园那次盛会中产生的作品通过这本集子的编辑，不仅得以保存，而且很快流传到社会上去了。这样的传播方式与传播速度都是空前的。

金谷之会后五十余年，又有著名的兰亭集会。王羲之等四十一位东晋文人以永和九年（353年）三月三日"会于会稽山阴之兰亭"，饮酒赋诗，事后亦将各人所赋之诗编为一集，王羲之为之作序，就是至今传诵的《兰亭集序》，又称《临河叙》。《兰亭集序》有王羲之自己写的行书本传世，所以大家都熟悉，但原文最后还有两句话是行书本没有写进去的：

……故列序时人，录其所述。右将军司马太原孙丞公等二十六人赋诗如左，前余姚令、会稽谢胜等十五人不能赋诗，罚酒各三斗。①

---

① 见《世说新语·企羡》第三则刘孝标注所引王羲之《临河叙》，《临河叙》就是《兰亭集序》。

兰亭之会与金谷之会，后先媲美，犹有过之。而兰亭之会受金谷之会的影响是非常明显的，连不会作诗者罚酒三斗都是遵金谷之旧规。王羲之的《兰亭集序》固然远比石崇的《金谷诗叙》出名，也更有文采，但若取二者同读，王作显然有模仿石文的痕迹，只是青出于蓝而胜于蓝罢了。

三月三日临水修禊本是汉朝以来的风俗，但文人借此集会赋诗并编集流传，则似乎是从兰亭集会开始的。从此以后，每到三月三日，东晋南朝的文人好像就会例有集会赋诗的活动了。我们在《文选》卷四十六还可以读到颜延之和王融分别于宋元嘉十一年（434 年）和齐永明九年（491 年）所作的《三月三日曲水诗序》。颜序题下李善注引裴子野《宋略》云："文帝元嘉十一年三月丙申，禊饮于乐游苑，且祖道江夏王义恭、衡阳王义季，有诏会者咸作诗，诏太子中庶子颜延年作序。"王序题下李善注引萧子显《齐书》曰："武帝永明九年三月三日，幸芳林园，禊饮朝臣。敕王融为序，文藻富丽，当代称之。"可见两次都是文会，两次都编了诗集。这样的诗集当时一定不少，可惜都没有流传下来。

从兰亭集会开始的、习惯称之为"上巳会"或"曲水会"的聚会，特别之处在于这是一种定期的文会，较之金谷园那种不定期的文会又进了一步，这对于文学传播的意义当然是不言自明的。

南朝以后，各种各样的文会便格外多起来，"文""会"二字连缀成一个词，大约也就出现在这个时候。这正是新的现象在人们观念上的反映。①

_____

①　见以下史料：

一、《南史》卷十九《谢灵运传》："灵运既东，与族弟惠连、东海何长瑜、颍川荀雍、泰山羊璿之，以文章赏会，共为山泽之游，时人谓之'四友'"。

二、《南史》卷二十《谢弘微传》："（谢）混风格高峻，少所交纳，唯与族子灵运、瞻、晦、曜、弘微以文义赏会，常共宴处。居在乌衣巷，故谓之乌衣之游。混诗所言'昔为乌衣游，戚戚皆亲姓'者也。"

三、《南史》卷七十一《顾越传》："越以世路未平，无心仕进，因归乡，栖隐于武丘山，与吴兴沈炯、同郡张种、会稽孔奂等，每为文会。"

四、《南史》卷七十二《徐伯阳传》："太建初，与中记室李爽、记室张正见、左户郎贺彻、学士阮卓、黄门郎萧诠、三公郎王由礼、处士马枢、记室祖孙登、比部郎贺循、长史刘删等为文会友。后有蔡凝、刘助、陈暄、孔范亦预焉，皆一时士也。游宴赋诗，动成卷轴，伯阳为其集序，盛传于世。"

五、同卷《阮卓传》："（卓）还，除南海王府咨议参军，以目疾不之官，退居里舍，改构亭宇，修山池卉木，招致宾友，以文酒自娱。"

六、梁萧统《昭明太子集》卷三《锦带书十二月启太簇正月》："昔时文会，长思风月之交。"

七、《梁书》卷四十九《庾肩吾传》："初，太宗在藩，雅好文章士，时肩吾与东海徐摛，吴郡陆杲，彭城刘遵、刘孝仪、仪弟孝威同被赏接。及居东宫，又开文德省，置学士，肩吾子信、摛子陵、吴郡张长公、北地傅弘、东海鲍至等充其选。"

八、《梁书》卷一《武帝纪上》："竟陵王子良开西邸，招文学，高祖与沈约、谢朓、王融、萧琛、范云、任昉、陆倕等并游焉，号为'八友'。"

当时有一种较为特别的文会，是由在位的君主召集的。此风大盛于梁武帝时。《南史》卷七十二《文学传》序云：

> 自中原沸腾，五马南渡，缀文之士，无乏于时。降及梁朝，其流弥盛。盖由时主儒雅，笃好文章，故才秀之士，焕乎俱集。于时武帝每所临幸，辄命群臣赋诗，其文之善者，赐以金帛。是以缙绅之士，咸知自励。至有陈受命，运接乱离，虽加奖励，而向时之风流息矣。①

这样的文会由于是君王发起，其声势与规模自然更大，虽不一定产生什么有价值的作品，但对于文学传播的作用却是不容低估的。

最后还要谈谈一种特别的文会，是一种以谈文赋诗为内容的家庭聚会。当时的大士族对子女的教育抓得很紧，诗文讨论和创作是必修课程，士族子弟能文者甚多。梁朝的王筠就曾经自诩王家"七叶之中"，文才相继，几乎"人人有集"。（见

---

① 见以下史料：

一、《梁书》卷四十九《到沆传》："高祖宴华光殿，命群臣赋诗，独诏沆为二百字，三刻便成。沆于坐立奏，其文甚美。"

二、同卷《刘苞传》："自高祖即位，引后进文学之士，苞及从兄孝绰、从弟孺，同郡到溉、溉弟洽、从弟沆，吴郡陆倕、张率，并以文藻见知，多预宴坐。"

三、同卷《丘迟传》："时高祖著《连珠》，诏群臣继作者数十人，迟文最美。"

四、《陈书》卷三十四《文学·阮卓传附阴铿传》："天嘉中，为始兴王府中录事参军。世祖尝宴群臣赋诗，徐陵言之于世祖，即日召铿预宴，使赋新成安乐宫。铿援笔便就，世祖甚叹赏之。"

《梁书》卷三十三《王筠传》）有人统计过，光王氏一族有文集者就有三十五人，共四百七十五部；无文集而有文章流传于世者计三十四人（见苏绍兴《两晋南朝的士族》）。谢家也不逊于王家，出的诗人比王家还多。下面这个故事见于《世说新语·言语》：

> 谢太傅寒雪日内集，与儿女讲论文义。俄而雪骤，公欣然曰："白雪纷纷何所似？"兄子胡儿曰："撒盐空中差可拟。"兄女曰："未若柳絮因风起。"公大笑乐。即公大兄无奕女，左将军王凝之妻也。

这不也是文会吗？谢家子弟自己就可以成立一个作家协会了。这里的"兄女"就是才女谢道韫，也是中国文学史上著名的女诗人。

总之，魏晋南朝是一个文人辈出的年代，文人聚会活动也非常频繁，清谈与文会是其中最主要的形式。

第十一章　采菊东篱下，悠然见南山
——陶渊明与魏晋文学

三曹，嵇阮，潘陆，陶谢

　　一讲到传统文学，大家就会想到唐诗宋词，想到唐宋八大家，对于魏晋文学则不大熟悉，其实这是很不应该的。魏晋南北朝是中国传统文学史上非常辉煌的时期，一点都不亚于唐宋。而且在中国传统文学中，魏晋文学占有一个特别的重要位置，可以说是一个分水岭。如果用哲学术语来讲，魏晋之前的文学是一种"自在"的文学，而魏晋以后的文学则是一种"自为"的文学。所谓"自在"就是虽然存在而不自觉，所谓"自为"就是有了自觉的意识。魏晋以前的文学没有独立成科，基本上处于一种附庸的状态，是为别的学科（例如政治教化）服务的。"文学"这个词虽然早已出现，《论语》当中就有，孔门四科（德行、政事、言语、文学）中有一科就是文学，但那个文学指的是文献和学术，和今天讲的文学含义不同。魏晋以后文学一词才逐渐取得今天的文学的含义，用英文讲就是 literature。刘宋时国子学分成四个学院：玄学、儒学、史学、文学。直到这个时候，文学才算真正被人们看成可以同玄学、儒学、史学并列的学科，取得了自己的独立地位。

魏晋以后文学独立成科，人们对文学的重要性和文学的规律有了深刻的认识，也才开始有了文学理论的研究，有了格律和声韵的讲究。唐朝的时候把讲究格律声韵的诗（主要是律诗和绝句）称为近体诗，而把不讲究格律声韵的诗称为古体诗，这个近体、古体的分水岭也在魏晋。对格律和声韵的讲究不是从唐朝才开始的，而是从魏晋就已经开始了，只是到唐朝才成熟固定了而已。

讲魏晋文学通常从建安文学谈起。建安其实是汉末的年号，就是曹操当丞相的那个时期。那时国家的实权已经落在曹氏手上，虽然魏国的建立要迟到曹丕当朝的时候，但社会的格局和风气从曹操时就开始变了，所以把建安算在魏晋里面也是有道理的。那个时候最著名的文学人物自然是"三曹"，其次是"七子"，这当中又以曹植成就最大，"七步成诗""才高八斗"都是讲的曹植。魏国建立以后，最有名的文学人物要算嵇康和阮籍，并称嵇阮，论文是嵇康最好，论诗则是阮籍最佳。到西晋就有所谓"三张二陆两潘一左"，其中最有名、在文学发展中起了关键作用的是陆机，他的《文赋》是中国文学史上第一篇较为完整的文学理论著作。东晋的文学家最有名的是陶渊明，他也是中国传统文学中一流的诗人、一流的文学家。南北朝以后还出过一些不错的文学家、诗人，如谢灵运，谢朓、庾信、鲍照等，但都没法跟陶渊明相提并论。所以讲到魏晋南北朝文学，我认为最重要的是四个人：曹植、阮籍、陆机、陶渊明。其中成就最大、对后世影响最大的是陶渊明。

下面就来讲讲这四个人，重点是陶渊明。

先说曹植（192—232年）。汉末建安时期是中国文学史上一个非常重要的枢纽，文学第一次被提到"经国之大业，不朽之盛事"（曹丕《典论》）的高度，开始独立成为一个门类，在此以前，文学顶多是政治与经学的附庸。也是在建安时期，中国文学史上第一次出现文人集团，即以"三曹七子"为中心的邺下文人集团，这当中才华最高、著作最多的是曹植，他是这个集团真正的灵魂人物。东晋末年的诗人谢灵运自视甚高，却对曹植佩服得五体投地，说："天下才共一石，曹子建独得八斗，我得一斗，自古及今共用一斗。"曹子建就是曹植，字子建。我们今天还在用的"才高八斗"这个成语，就是从这里来的。《世说新语·文学》中有一个关于曹植的故事：

> 文帝尝令东阿王七步中作诗，不成者行大法。应声便为诗曰："煮豆持作羹，漉菽以为汁。萁在釜下燃，豆在釜中泣。本自同根生，相煎何太急！"帝深有惭色。

这首诗还有另外一个版本："煮豆燃豆萁，豆在釜中泣。本是同根生，相煎何太急！"这也许只是一个传说，不一定真实可靠，却极其生动地写出了曹氏兄弟的关系和曹植的捷才，"七步成诗"也永远留在了中国人的文学记忆里。

曹植的诗感情充沛，辞藻华美，读起来"流转如弹丸"，开启了魏晋"尚情""唯美"的诗风，也成为中国抒情诗的典范。

阮籍（210—263年），字嗣宗，是"建安七子"阮瑀的儿子，其最有代表性的作品是《咏怀诗八十二首》。《咏怀诗》不像是一时一地之作，很可能是阮籍把平生诗作集结在一起，给它一个"咏怀"的总名。《咏怀诗八十二首》虽不是一气呵成，内涵却是首尾贯穿、通体一致。诗人反反复复表达的无非对混乱时局的感怀和对自我生命的焦虑，所谓"伤时闵乱""忧生之嗟"，其精神灵魂上接屈原的《离骚》，艺术风格则继承汉末的《古诗十九首》。经过曹植和阮籍，五言诗这种艺术形式就完全成熟了。读《咏怀诗》，你只觉得它痛苦纠结、呼号辗转，却没办法指出它具体讲些什么，或影射些什么。前人说它，"言在耳目之内，情寄八荒之表""厥旨渊放，归趣难求"（钟嵘《诗品》），"虽志在刺讥，而文多隐避，百代之下，难以情测"（李善注《文选》）。这正如阮籍的为人，虽然对司马氏集团满肚子的憎厌，却从不正面违抗，从不臧否人物，连司马昭都称赞他是"天下之至慎"。不妨引两首看看：

第三首

嘉树下成蹊，东园桃与李。秋风吹飞藿，零落从此始。繁华有憔悴，堂上生荆杞。驱马舍之去，去上西山趾。一身不自保，何况恋妻子。凝霜被野草，岁暮亦云已。

第三十三首

一日复一夕，一夕复一朝。颜色改平常，精神自损消。胸中怀汤火，变化故相招。万事无穷极，知谋苦不饶。但恐须臾间，魂气随风飘。终身履薄冰，谁知我心焦！

"一身不自保，何况恋妻子""但恐须臾间，魂气随风飘"，多么恐怖。联系阮籍所处的时代，司马氏疯狂地屠杀异己，"名士少有全者"，大概就可以猜想到阮籍的意思。但具体指什么呢？指哪一件事，指什么人呢？作者却没有说，你尽管去猜吧，但把柄是抓不住的。这就是阮籍。

陆机（261—303 年），字士衡，出身将门，是吴国大将陆逊的孙子，父亲陆抗也是吴国的大司马。陆机的文学成就后世评价不太高，赶不上曹植、阮籍，也赶不上后来的陶渊明，但是陆机在他那个时代可是大名鼎鼎，梁昭明太子萧统所编的《文选》选了他的作品一百零一首，是所有入选作家中数量最多的，自然也超过上述三人。其实从文学史的角度来看，陆机是一个相当关键的人物，他的成就和影响其实比曹植、阮籍更高。

陆机的一大功劳是写了中国文学史上第一篇较为完整的谈创作理论的作品《文赋》。在《文赋》中，陆机总结了文学创作的许多规律性的东西，也提出了自己的许多文学主张，预示了整个魏晋南北朝的文风倾向。就算陆机一辈子只写一篇《文赋》，也足够让他在文学史上不朽了，何况他还创作了大量的诗、文、赋，其中不乏足以流传后世的作品。

陆机的另外一大功劳是他为中国传统的"文"创造了另外一种文体，就是后世所称的骈文，尤其是号称"四六"的正规骈文。骈文在建安时代就有了，但多半是骈散兼行，以散运骈，到陆机手才固定下来，逐渐演化成"四六"体，这种文体后来有很大的发展，几乎占了"文"的半壁江山。这之前"文"没有骈散之分，陆机以后骈文和散文则分道扬镳，成了两体。中国古文单音词居多，本来就很容易产生骈对现象，"云从龙，风从虎""谦受益，满招损"，这样的句子在五经中就有了，但是有意识的骈对、大量的骈对、格式固定的"四六"骈对，是从陆机开始的。在声律上，后来齐梁时永明体讲究的四声平仄也是发轫于陆机。陆机在《文赋》中就提出了这样的主张："或托言于短韵，对穷迹而孤兴。俯寂寞而无友，仰寥廓而莫承。譬偏弦之独张，含清唱而靡应。""其会意也尚巧，其遣言也贵妍。暨音声之迭代，若五色之相宣。"反对"偏弦之独张""清唱而靡应"，就是主张骈对；提倡"音声之迭代""五色之相宣"，就是主张调平仄。所以陆机是正规骈文的始创者，后世诗文平仄对仗的发轫者，是促使中国传统诗文从古体转为近体的关键人物，是非常了不起的。

陶渊明本名潜，字渊明，又字元亮，后人一般都喜欢叫他陶渊明（约365—427年）。他生于东晋末年，死的时候已经到刘宋朝了，大概活了六十来岁。他的曾祖父陶侃是东晋初年的名将、大臣，曾任荆州刺史，后又都督八州，位极人臣。但陶侃出身寒素，并不属于当时的门阀士族阶层，子孙也不发达，陶侃时富贵了一阵子，到陶渊明这一代又相当清贫了。陶渊明这个人生性耿介，看不惯东晋末年的腐败官场，所以一直不想出去做官。为了维持家庭生计，他也曾经勉强自己出去做官，但始终不能适应，每次都是做了几天官就辞职不干了。最长的一次是当江西彭泽县的县令，做了八十一天，最后还是做不下去。传说当时郡里派了个督邮（官名）要来彭泽县巡视，此人不学无术，陶渊明根本瞧不起他，想到自己居然要弯腰鞠躬迎接这样一个小人，就觉得很窝囊，越想越生气，摘下乌纱帽摔在办公桌上，说："我怎么能够为了一点区区的官俸去向这种小人点头哈腰呢？"于是扬长而去。陶渊明的原话是："我岂能为五斗米，折腰向乡里小儿！"（见萧统《陶渊明传》）今天我们有时还说的"不为五斗米折腰"，即典出于此。

陶渊明从此下决心不再做官，宁可在乡下跟农民一样种地为生。下了这个决心以后，陶渊明便觉浑身轻松，写了一篇闻名古今的《归去来辞》（或作《归去来兮辞》）。"归去来"就是"归去吧"，"来"是一个语末助词。《归去来辞》写的其实是对回到家乡以后的田园生活的展望，表达自己辞官不做、回归真实自我的决心，所以全文都是设想之词，并非实景描写，不过大家向来把这篇文章读错了，以为是陶渊明回到家乡之后写的。这篇文章用的是赋体，句式整齐而押韵，很多漂亮而富含哲理的句子一直传诵到今天，仍然给我们以哲理的启迪和美感的愉悦。如：

> 悟已往之不谏，知来者之可追。实迷途其未远，觉今是而昨非。

> 引壶觞以自酌，眄庭柯以怡颜。倚南窗以寄傲，审容膝之易安。

> 归去来兮，请息交以绝游。世与我而相违，复驾言兮焉求！

> 木欣欣以向荣，泉涓涓而始流。善万物之得时，感吾生之行休。

> 已矣乎！寓形宇内复几时，曷不委心任去留？胡为乎遑遑欲何之？富贵非吾愿，帝乡不可期。

> 登东皋以舒啸，临清流而赋诗。聊乘化以归尽，乐夫天命复奚疑！

回到家乡以后，陶渊明还写了许多诗，记录了自己回归田园的快乐心情。如《归园田居五首》就很有名，其第一首是：

> 少无适俗韵，性本爱丘山。误落尘网中，一去三十年。羁鸟恋旧林，池鱼思故渊。开荒南野际，守拙归园田。方宅十余亩，草屋八九间。榆柳荫后檐，桃李罗堂前。暧暧远人村，依依墟里烟。狗吠深巷中，鸡鸣桑树颠。户庭无尘杂，虚室有余闲。久在樊笼里，复得返自然。

他把官场视为"樊笼"，是一个违背本愿、扭曲意志、使人不能做自己的地方，而把回家务农看作返回自然，这当然有那个时代流行的道家思想的影响，但更重要的是陶渊明厌恶使人异化的腐败官场的表达。

又比如他在《读〈山海经〉十三首》的开头写道：

> 孟夏草木长，绕屋树扶疏。众鸟欣有托，吾亦爱吾庐。既耕亦已种，时还读我书。穷巷隔深辙，颇回故人车。欢言酌春酒，摘我园中蔬。微雨从东来，好风与之俱。泛览周王传，流观山海图。俯仰终宇宙，不乐复何如？

这些诗句是多么美啊！如果你的家是在农村，园子里有几棵大树，当傍晚的鸟儿纷纷归巢的时候，念念"众鸟欣有托，吾亦爱吾庐"吧，你会有什么样的心情和感受？如果有朋友自远方来，你到园子里摘菜款待他，那么恐怕没有比"欢言酌春酒，摘我园中蔬"更合适的句子来描写你的心情吧？又设想在春日和风细雨之中，看着远方一畦畦的稻田，绿油油的禾苗在风中摇摆，你不会想起"微雨从东来，好风与之俱"的诗句吗？陶渊明还有两句诗写这样的景象："有风自南，翼彼新苗。"（见《时运》）多么简洁又多么丰富，多么朴素又多么美丽啊！

讲到陶渊明的诗，大家最熟悉的大概莫过于"采菊东篱下，悠然见南山"。这十个字简直成了陶渊明的标志，想起陶渊明就想起这十个字。这十个字把陶渊明那种与世无争、悠然自得、远离名利、陶醉自然的生命情调与美感追求，非常形象非常简洁地表达了出来。"悠然见南山"，有的版本作"悠然望南山"。到底是"见"还是"望"？我看当然是"见"，"见"是不经意的，"望"是经意的，"见"是偶然相遇，"望"是主动去看，把"见"改作"望"，那种悠然自得的味道就少多了。其实这两句诗不仅仅是写景，还是很有哲理意味的。传说服用菊花可以延年，南山则象征长寿，采菊而见南山，这是道家的境界，是把生命本身看得高于身外一切的观念的体现，用道家的语言来讲叫"贵生"，叫"守真"。没有看穿生命的本质，而热衷功名、汲汲于俗世富贵的人，是写不出这样的诗的。

不过这只是陶渊明的一面。有人因此断定陶渊明是一个道家，又未免简单化了。陶渊明在他成长的过程中，受了各种传统思想的熏陶，也吸收了各种思想的精华，不仅仅只是道家，有时我们也明显地看到他有儒家积极用世的一面。比如这样的诗句：

少年罕人事，游好在六经。行行向不惑，淹留遂无成。（《饮酒二十首》之十六）

忆我少壮时，无乐自欣豫。猛志逸四海，骞翮思远翥。（《杂诗十二首》之五）

日月掷人去，有志不获骋。念此怀悲凄，终晓不能静。（《杂诗十二首》之二）

盛年不重来，一日难再晨。及时当勉励，岁月不待人。（《杂诗十二首》之一）

这完全是儒家式的努力进取的态度。他在《读〈山海经〉十三首》中，第十首写得更明白：

精卫衔微木，将以填沧海。刑天舞干戚，猛志固常在。同物既无虑，化去不复悔。徒设在昔心，良辰讵可待。

大体说来，陶渊明早期是倾向儒家的，也有一番建功立业的志向，只是看到东晋官场的腐败虚伪后，愤而转为隐居田园、不问世事，思想就比较倾向于道家了。尤其是在对待生命的问题上，陶渊明完全接受了道家顺其自然的达观态度。他写道："甚念伤吾生，正宜委运去。纵浪大化中，不喜亦不惧。应尽便须尽，无复独多虑。"（《形影神三首》之《神释》）

他又在《归去来辞》的最后说："聊乘化以归尽，乐夫天命复奚疑！"也是同样的态度。

生死问题是人生必须面对的最根本问题之一，陶渊明诗文中有许多地方写到他对这个问题的思索和结论。他有三首《拟挽歌辞》也很有意思，一开始就说：

> 有生必有死，早终非命促。昨暮同为人，今旦在鬼录。……千秋万岁后，谁知荣与辱？但恨在世时，饮酒不得足。

最后又说：

> 荒草何茫茫，白杨亦萧萧。严霜九月中，送我出远郊。……亲戚或余悲，他人亦已歌。死去何所道？托体同山阿。

在中国古代诗人中，我最喜欢陶渊明的这种对待生命的态度，因为他看得最透彻，看得最通达。

陶渊明不仅诗赋写得好，文章也写得很好，他的《桃花源记》就是一篇古今传诵的名文。这篇文章描写一个与世隔绝的"桃花源"，这里"土地平旷，屋舍俨然，有良田美池桑竹之属，阡陌交通，鸡犬相闻"，但是与外界绝无来往。桃花源里的人是当年为了躲避秦朝的暴政而到这里来的，外面已经经历了两汉魏晋，这里的人却一无所闻，只是过着自己平静满足的生活。"桃花源"不必实有其地，它只是寄托了作者一个美好的理想，希望老百姓能够过一种没有暴政、没有战乱、没有尔虞我诈、没有争权夺利、只靠自己的勤劳为生的自由生活。《桃花源记》可以说是我国古代第一篇关于乌托邦的寓言。

陶渊明的诗文思想深刻，寄托深远，明白晓畅，不华丽不雕琢，不堆砌辞藻，但是味道醇厚，特别耐读，因为它真实，不说假话，就如陶渊明这个人活得真实、活得自我一样。

在魏晋时代，特别值得注意的还有文学理论。

前面已经说过，魏晋时代文学的独立与自觉使文学理论有了产生的基础，因为在文学独立成科并成为一种自觉的存在之前，是不会有人去对它进行专门研究的。魏晋文学的蓬勃发展使文学理论的产生不仅有了可能，而且有了必要，而魏晋时代的文论也确实是中国传统文学理论的高峰，几乎可以说是空前绝后。

曹丕著有一本书叫《典论》，其中有一章是《论文》，在这篇文章里，曹丕给了文学以崇高的地位，说它是"经国之大业，不朽之盛事"。把文学提到这样的高度，曹丕是第一人，因而《典论·论文》可以称为中国文学理论的开山篇。

稍后陆机的《文赋》则是第一篇讨论文学创作过程的理论著作，它对诸如形象思维、灵感、构思、立意、遣词、造句、声韵、骈对都有形象而精彩的描述。

南朝则产生了两部在中国传统文学理论中极其重要的作品，一是刘勰的《文心雕龙》，一是钟嵘的《诗品》。《诗品》主要谈诗，尤其注重诗歌流派的传承，对以后中国诗歌理论的发展影响甚大。刘勰的《文心雕龙》更是一部体大思精的文学理论著作，不仅在中国空前绝后，即使在全世界也很少能够找到与它媲美的文学理论作品。全书五十篇，用骈文写成，几乎涉及文学理论的所有重要方面。它对中国文学影响之大，可说怎样形容都不为过，以至今天学者们还在不断地从中挖掘宝藏，形成了一个叫作"龙学"的专门学科，就好像研究《红楼梦》的"红学"一样。关于《文心雕龙》已经有了无数本研究著作，而且还在不断地涌现新的著作。

第十二章 飘若浮云，矫若惊龙
——王羲之与魏晋书法

为什么王羲之是"书圣"？

二王对中国书法的发展有什么贡献？

书法家族　书法与名士　魏晋书风

　　讲魏晋风流而不讲书法，是不可以的。

　　书法是中国人特有的艺术，老外基本上没有书法这一行。英文中有个词叫 calligraphy，说的也是字的写法，但顶多相当于中国人写艺术字，跟中国书法境界相差太远。中国书法这个词翻译成英文，变成 Chinese calligraphy，实在是不得已，是很委屈的。我想，把"中国书法"译成 the Chinese art of calligraphy，或者 the Chinese art of writing characters，也许要好一点吧。

　　中国传统知识分子从发蒙开始就要拿毛笔写字，一直写到老。如果一个人字写得丑，是会被人瞧不起的，反之，如果字写得漂亮，就会得到别人的欣赏。用现在的事情打比方，一个人的字就像一张带照片的名片，眉清目秀跟面目可憎，那是相差十万八千里的。古代知识分子很少，魏晋及其之前能读书的都是贵族，所以书法也就是贵族们的名片，名片丑了怎么好意思递出去？

　　中国古人讲"书画同源"，是说中国的画和书法是同一个

99

源头，都是用毛笔在绢或纸上运行，技巧也相似。虽然书画同源，但是书在画先，在中国人的眼里，书法是比绘画更高一级的艺术。这一点跟现代人的观念颇不一致。

魏晋时代中国书法已经完全成熟，篆、隶、真（楷）、行、草，没有一样没有大名家。那个时代士族精英分子对书法的爱好几乎到了痴迷的程度，凡名士几乎没有不看重书艺的。一个大家族里有人字写得好，就会带动这个家族其他有天分的人，书法技巧也就代代相传，以至于出现了很多人才辈出的书法家族，这是魏晋以前和以后都不多见的。魏晋南北朝时最大的两个门阀家族，琅邪（今山东临沂）王氏和陈郡（今河南太康）谢氏都是有名的书法大族，特别是王氏，可说是中国历史上最大的书法家族。另外像颍川钟氏、弘农张氏、河东卫氏、安平崔氏、颍川庾氏、谯国桓氏、高平郗氏、琅邪颜氏、泰山羊氏、吴郡陆氏，也都出过成群的书法家。魏晋书风的代表人物是钟、王，钟就是钟繇，是钟会的父亲，是魏国的开国功臣，官做到太傅；王就是王羲之，加上王羲之的儿子王献之，都是东晋人。钟繇和王羲之的真迹现在都看不到了，看到的都是唐人的摹本，王献之的真迹也只剩下《鸭头丸帖》十五字，其余也都是摹本。

王羲之被中国人称为"书圣"，在中国传统艺术史上的地位无人能及。他各体书法都写得非常好，都达到当时的最高水平，尤以楷书、行书、草书最为精妙。他写的行书《兰亭序》被誉为古今行书第一帖，对此没有任何人提出异议。他的儿子王献之字也写得非常好，几乎达到了跟父亲并驾齐驱的地步，书法史上合称"二王"。

为什么二王在书法史上有这么高的地位？难道仅仅因为他们的字写得好，比所有人都好吗？从来都没有书法家、书法理论家和书法史家说清楚这个问题。我个人认为，他们之所以具有至高无上的地位，根本原因是二王的书法在中国书法发展史上乃是一个分水岭。

二王以前，篆、隶、真（楷）、行、草各体虽已成立，但基本上还带有古朴的特点，从二王开始，中国书法从古朴走向流丽，书法家的个人色彩越来越鲜明。中国书法实际上是在二王的手上完成了"现代化"，就像中国诗歌在唐代完成了"现代化"一样。唐以前的诗体称为"古体"，唐以后则称为"近体"，也可以说二王以前的书法是"古体"，二王以后就变成了"近体"了。这里讲的"现代化"当然是一个比喻，不是我们今天常说的现代化，但"古/近""传统/现代"本来就是相对的说法，没有什么绝对含义。唐朝的韩愈说到王羲之的字，有一句诗——"羲之俗书趁姿媚"（《石鼓歌》），有人以为韩愈对王羲之评价不高，其实韩愈的话正是点出了王羲之在中国书法史上的分水岭作用。这里说的"俗书"，是跟古体相对而言，更接近大多数人的审美趣味。"姿媚"就是流丽多姿，跟朴拙无华相对而言，更接近现代（东晋）人的美感。前人评王羲之的字，还有"飘若浮云，矫若惊龙""龙跳天门，虎卧凤阙""天质自然，丰神盖代"等评语，都是说王羲之的字具有流畅、美丽、多姿多态、个性色彩鲜明等特征。

中国书法从大的方面看，到二王时代就基本定形了，不再出现新的书体，因为书写所用的工具（毛笔）和材料（纸与绢）从那以后基本没变，能变的只是个人的书写风格。

王羲之出身豪门，是东晋名相王导的族侄，从小就是一个天才少年，十三岁的时候就被当时的大臣周顗所赏识。有一次周顗请客，王羲之也敬陪末座。当时最贵重的食物是牛心，一般都是年高德劭的贵宾先尝，周却把第一块牛心夹给了年龄最小的王羲之，这事一时传扬开去，十三岁的王羲之就变得有名了。后来太尉郗鉴想要同王家结亲，派一个门生到王家去见王导，说明来意后，王导就叫门生去见王家的子侄，让他从中挑选一个。门生回来向郗鉴报告，说王家子弟听说我来挑选女婿，都颇矜持，只有一个青年光着肚皮躺在东边的床上吃东西，完全不把这当回事。郗鉴回答说，就这个好。因为郗鉴也是一个崇尚自然的人，所以很欣赏这个态度自然、淡泊名利的青年。这个"坦腹东床"的青年就是王羲之，后来他真的成了郗家的女婿。现代汉语中有一个成语"东床快婿"，就是从这个故事来的。"快婿"是好女婿的意思，快不是快慢的快，是快人快事的快。

王羲之练习书法是很刻苦的，他曾经说过："张芝临池学书，池水尽黑，使人耽之若是，未必后之也。"张芝是汉朝有名的草书家，练习书法非常勤奋，把一池水都写黑了，王羲之说："我如果像他这样勤奋，不会输给他。"这话里有自负，同时也说明勤奋的重要。王羲之没有说过他是不是也把一池水写黑了，现在倒是有几个地方留下了王羲之的洗砚池。王羲之在书法上下的功夫显然不比张芝少，后来的成就也比张芝更大。在书法上不下苦功是练不出来的，《晋书·王羲之传》里讲，王羲之在书法上原来还赶不上庾翼和郗愔，晚年却超过了他们和其他所有人，可见他是下过苦功之后才达到更高境界的。今天我们看到社会上许多自命为书法家的人，还没有练过几年字就自称书法家，实在是好笑。还有一些人老想取巧，自命前卫，笔画的基本功还没掌握好，就在字的大小、歪斜、奇形怪状上做文章，把一幅字弄得像一幅画一样，有时候连什么字都完全认不出来，这不是写字，而是画字。中国的书法跟绘画相通，但书法与绘画毕竟是两种艺术，书法是写出来的，不是画出来的，书法可以创新，但是应该在写字上创新，不能用画字来冒充创新。那种画出来的"书法"，即便有欣赏价值，也只能叫作线条的艺术，是一种特殊的受中国书法启发的线条艺术，可以自成一类，不必称为书法，更不必称为中国书法。因为字是一种符号，符号就有能指与所指，字如果写得叫人完全看不懂，那就只有能指，没有所指，就不成其为符号，写出来的东西就不是字，因而也就不是书法艺术。

当然，王羲之的书法不是光靠刻苦练成的，刻苦只是练技术，而艺术除了技术成分外还要加上天分和才气。王羲之之所以能够成为书圣，首先是因为他天分高，才气高。前面讲过他从小就是一个天才少年，长大以后更是众望所归。《晋书》本传里讲："羲之既少有美誉，朝廷公卿皆爱其才器。"但他并不怎么喜欢做官。有一次朝廷授命他做护军将军，他推辞不做，当时的名臣殷浩写信劝他，说："悠悠者以足下出处，观政之隆替，如吾等亦谓为然。"（一般人都以你的出不出山作为观察政治搞得好不好的标准，像我们这些人也认为是这样。）可见当时人们对他的评价和期待有多么高。王羲之就是王羲之，不是什么人都可以成为王羲之的。不刻苦固然不行，光刻苦也是不够的，如果缺乏才情和天分，就算每天二十四小时都在练字，也不能保证成为一个真正的书法家。现在有些朋友不明白这个道理，对于自己的天分和才情缺乏自知之明，又不肯努力读书，结果写来写去顶多就是一个书匠，离书法家还差得远。

王献之对中国书法的主要贡献，是他创造了一种新体行书，当时的人无以名之，称为"破体"。王献之这种行书巧妙地结合了王羲之行书和张芝草书的笔法，它保留了王羲之行书的结体，而舍弃了王羲之行书以隶体方笔为主的特点，增添了篆体的圆笔成分（前人说王羲之以骨胜，王献之以筋胜，即此意），同时保留了张芝草书的圆笔和连笔的特征，但舍弃了张芝草书的章草成分。张怀瓘《书断》里有：

> （王献之）尤善草隶，幼学于父，次习于张，后改变制度，别创其法，率尔私心，冥合天矩，观其逸志，莫之与京。

另有一段这样讲：

> 伯英学崔、杜之法，温故知新，因而变之以成今草，转精其妙。字之体势，一笔而成，偶有不连，而血脉不断，及其连者，气候通其隔行。惟王子敬明其深指，故行首之字，往往继前行之末，世称一笔书者……

这里引用的两段话，第一段指出王献之在王羲之、张芝之外别创一法，第二段则指出王献之继承了张芝的连笔草意。张芝本来是章草大家，晚年发明连笔，变章草为今草，王献之则继承并发扬了这个创变，并用于行书。

自晋至唐，对王献之的评价都很高，论书者一致把张芝、钟繇、王羲之、王献之四人列为神品，即书法家的最高一级，其他书法家都不能与之相比（如唐李嗣真的《书后品》）。张怀瓘《书议》对王献之尤其赞不绝口：

> 子敬才高识远，行、草之外，更开一门。夫行书，非草非真，离方遁圆，在乎季孟之间。兼真者，谓之真行；

带草者，谓之行草。子敬之法，非草非行，流便于草，开张于行，草又处其中间。无藉因循，宁拘制则？挺然秀出，务于简易。情驰神纵，超逸优游。临事制宜，从意适便。有若风行雨散，润色开花，笔法体势之中，最为风流者也。逸少秉真行之要，子敬执行草之权，父之灵和，子之神俊，皆古今之独绝也。

值得注意的是，张怀瓘特别指出这种新体的特点是："非草非行，流便于草，开张于行，草又处其中间。无藉因循，宁拘制则？挺然秀出，务于简易。情驰神纵，超逸优游。临事制宜，从意适便。"为便于理解，我把它翻译成白话如下："这种书体既非草书，也非行书，它比草书更便利，比行书更舒展，中间也可以夹些草字。它不沿袭老旧的套路，也不拘泥僵硬的规则，它格外漂亮，又很简易。态度轻松，神采飞扬，显得超群而优雅。写的时候可以根据情形来选择行、草的比例，既惬意又方便。"

王献之创造的这种新体行书很快就流行开来，几乎成为书家的最爱。张怀瓘给它起了一个名字，叫"行草"。从二王至今，汉字流行的书体基本上固定下来，一共是六体，即篆书、隶书、楷书、草书、行书（又称真行）、行草。

现在还可以看到王羲之的作品，有《兰亭序》《快雪时晴帖》《丧乱帖》《奉橘帖》《姨母帖》《孔侍中帖》《频有哀祸帖》《平安帖》等，还有唐朝的怀仁和尚集王羲之的字所成的《圣教序》，简称《集王圣教序》。但这些作品都不是真迹，大多是唐朝书法家模仿王羲之的字，其中模仿得最逼真的是冯承素仿的《兰亭序》（神龙本），因为他是采用双勾的方法临摹的。所谓双勾就是先用透明纸把原字的边勾画出来,再来临摹,在没有发明影印机之前,这大概是最不失真的办法。《兰亭序》在唐朝的时候还有真迹存在,传说这真迹藏在一个庙里,庙里的老和尚是王羲之的后代,唐太宗非常喜欢王羲之的书法,便派一个叫萧翼的大臣,装作一个穷秀才搬到庙里读书,渐渐跟老和尚成了好朋友,居然让老和尚把从不示人的《兰亭序》真迹拿出来给他看,结果这真迹就被他偷走了,交给唐太宗。唐太宗临死遗嘱拿《兰亭序》真迹陪葬,所以从此留在世上的就只有几种摹本了。不知道这个故事是否属实,总之我们今天是看不到王羲之的真迹了。

不要说王羲之,连他儿子王献之的真迹也基本上看不到了。今天知道的王献之最有名的作品《鸭头丸帖》《中秋帖》《地黄汤帖》《送梨帖》《鹅群帖》和《洛神赋十三行》,除了《鸭头丸帖》,其他都不是真迹而是摹本。清朝乾隆皇帝曾经同时拥有王羲之的《快雪时晴帖》、王献之的《中秋帖》和王珣(王献之的族弟)的《伯远帖》,觉得非常自豪,特别把它们藏在养心殿的西暖阁里,并将西暖阁命名为"三希堂"。"三希"就是指以上三种书法珍品,"希"通"稀",稀有之意。乾隆亲自在《伯远帖》开头题了几句话:"唐人真迹已不可多得,况晋人耶!内府所藏右军《快雪帖》,大令《中秋帖》,皆希世之珍。今又得王珣此幅,茧纸家风,信堪并美!几余清赏,亦临池一助也。"其实乾隆藏的这三件也并非真迹,至少无法断定。不过它们即使是摹本,也是唐朝或唐朝以前留下来的,也算相当稀有了。这三件稀世之珍的书者都是琅邪王氏的人,王羲之是王导的族侄,王献之和王珣则是王导的孙辈。乾隆说的"茧纸家风",正是说王氏以书法传家的家风。

在魏晋南北朝时期，自东晋以后，北方就为胡人所占领，经历了北魏、东魏、西魏、北齐、北周等好几个朝代。中国文化在长江南北本来就有区别，到这时区别就更明显了。这一点在书法上也有反映。北朝的书法继续保留着魏晋之前的古朴，变化不太大，而南朝的书法却逐渐变得"现代化"起来，趋向流丽。北朝的书法作品保留下来的大多刻在石碑上，南朝的书法作品保留下来的大多写在绢纸上，又称"帖"。清朝的大臣、大学者阮元特别注意到魏晋南北朝时南北书风的不同，认为北方的书风刚健，南朝的书风流美。从此，谈到中国书法就有了所谓碑派与帖派、碑学与帖学之分。阮元提倡以北碑的刚健来弥补帖派的不足，这个主张有一定道理，但后来被包世臣、康有为大肆鼓吹，似乎碑派胜过帖派，碑派比帖派还正宗，这就未免言过其实了。其实帖派无疑是中国书法的正宗，因为中国书法尤其是二王所开创的"近体"书法，本来就是用毛笔写在绢上或纸上的，流丽是必然也是最正宗的特色。至于碑派（或称北碑或称魏碑），其所以较为刚健，是因为用刀刻在石头上的缘故，但用刀刻在石头上毕竟不是中国书法的本来面目，而是为了保存不得已而为之。即使是碑刻，多半还是要先用笔写好再刻。所以适当提倡北碑，以其刚健之风弥补帖派的某些不足是可以的，如果硬要把北碑视为正宗，偏要用毛笔写出刀刻的味道，就未免矫枉过正了。好像马拉车、牛犁田，本是顺其自然，现在非要用马来犁田、用牛来拉车，当然也可以，但一定要说这样才对，那就有点莫名其妙了。

第十三章 传神写照，正在阿堵中
——魏晋南北朝的艺术

声音到底有没有哀乐？

顾恺之画人为何迟迟不点眼睛？

《广陵散》 桓伊三弄

雪夜访戴

云冈石窟 龙门石窟 敦煌莫高窟

讲魏晋风流，当然不能忘了艺术，魏晋南北朝艺术是中国艺术史上的一座高峰。正如已故著名美学家宗白华先生在《论〈世说新语〉和晋人的美》中指出的：

> 汉末魏晋六朝是中国政治上最混乱、社会上最苦痛的时代，然而却是精神史上极自由、极解放，最富于智慧、最浓于热情的一个时代。因此，也就是最富有艺术精神的一个时代。

传统艺术的各个门类，书法、音乐、绘画、雕塑、建筑，在那个时代都有辉煌的成就，书法前面已经讲过，这一讲里简略回顾一下那个时代音乐、绘画、雕塑、建筑方面的成就。

先讲音乐。

中国传统的读书人向来重视音乐，旧时称才子一定要琴棋书画都好，打头的就是"琴"，即音乐。这大概与儒家注重"礼乐"有关，孔夫子以六艺教学生，乐就是六艺之一。魏晋士族大兴，士族中的精英分子几乎都有良好的音乐修养，能琴能筝的人不胜枚举，写过《琴赋》（嵇康、阮籍、马融、蔡邕、闵鸿、傅玄、成公绥、顾野王）、《筝赋》（阮瑀、傅玄、陈窈、贾彬、顾恺之、萧纲）的人都有好几个。比较特别一点的是笛子，写《笛赋》的人也有，比较少，但是魏晋时代关于笛子的传说却不少，例如"山阳笛""桓伊三弄"。下面讲几个和音乐有关的人物的故事。

魏晋时代流传最广的和音乐有关的是《广陵散》的故事，人物就是竹林七贤之一嵇康。这个故事最早见于《世说新语·雅量》：

> 嵇中散临刑东市，神气不变。索琴弹之，奏《广陵散》。曲终，曰："袁孝尼尝请学此散，吾靳固不与，《广陵散》于今绝矣！"

《广陵散》的故事一千七百多年来脍炙人口，成语中的"绝唱""绝响""广陵散绝"，都是从这个故事来的。

嵇康是演奏家，更是一位了不起的音乐理论家，中国音乐史上第一篇独立完整的音乐理论著作就是嵇康的《声无哀乐论》。这篇文章从发表到现在已经差不多一千八百年了，它的影响还在，它提出的问题还值得讨论。儒家的传统乐论是认为声有哀乐的，最典型的说法就是：

凡音者，生人心者也。情动于中，故形于声。声成文，谓之音。是故治世之音安以乐，其政和；乱世之音怨以怒，其政乖；亡国之音哀以思，其民困。声音之道，与政通矣。（《礼记·乐记》）

这里说得很明确，声音生于人心，而与政局相通，所以是有哀乐的。这种理论在中国传统中是正统理论，直到今天都是如此。比如唐朝诗人杜牧说："商女不知亡国恨，隔江犹唱《后庭花》。"《后庭花》就是亡国之音。我们今天还常说靡靡之音是亡国之音，而革命的歌曲总是雄赳赳气昂昂的，可见"声有哀乐"一派一直是主流派，而嵇康却说声无哀乐，所以他是个异端。

不过不管你同不同意这一点，都不能不承认《声无哀乐论》是一篇极有分量的音乐理论著作，它以当时流行的清谈方式，设计了"秦客"与"东野主人"之间的辩论，经过八问八答，层层阐述"声之与心，殊途异轨，不相经纬""和声无象，而哀心有主""声音自当以善恶为主，则无关于哀乐"的观点。用今天的白话说，嵇康认为声音和感情是分开的，不是缠在一起的，声音只有好与坏之分、美不美之分，没有感情的问题，感情是人心里的东西，和声音没有关系。嵇康的理论不一定完美正确，但不能说他没有道理，他至少提出了一个很重要的看法，而且引发了更多的思考和持久的讨论，在音乐史上是大有贡献的。

嵇康还写过一篇长长的《琴赋》，辞藻华丽，不仅写出了琴乐之美妙，也贯穿了声无哀乐的道理。总之，从理论到实践，嵇康都是一个名副其实的一流音乐家。

竹林七贤中的阮氏叔侄——阮籍跟阮咸，都是音乐修养很高的人，阮籍写过《琴赋》，阮咸史称"解音"。当时著名的乐律学家荀勖按古制造了十二枚新律管，用来调声，自己很得意，但阮咸听了以后却觉得声音高了一点，断定是古尺和今尺的长度不一所致。荀勖开始很不服气，后来有人从地下发掘出了周代的玉尺，他才发现周尺比当时的尺的确长一点，以至自己所造的律管略短，这才佩服阮咸的神妙。① 中国传统乐器中至今还有一种乐器叫"阮咸"，或简称"阮"（古琵琶的一种，四弦有柱），就是人们为纪念阮咸而命名的，因为这种乐器他弹得最好，也有人说这种乐器就是阮咸创造的。

"桓伊三弄"讲的是东晋音乐家桓伊的故事。"三弄"，弄的是笛子，"弄"就是演奏的意思。桓伊"善音乐"，笛子吹得尤其好，当时非常有名，以至于皇帝每有宴会都会请他去吹笛。当时的大名士王徽之听说他善吹笛，桓伊也早就听说王徽之的大名，但两人互不相识。有一次偶然在旅途中相遇，王徽之在船中，桓伊在岸上，王徽之便派人去请桓伊吹一曲。桓伊那时已经做到左将军，地位很高，却不以为忤，很痛快地到王

---

① 《世说新语·术解》第一则："荀勖善解音声，时论谓之'暗解'。遂调律吕，正雅乐。每至正会，殿庭作乐，自调宫商，无不谐韵。阮咸妙赏，时谓'神解'。每公会作乐，而心谓之不调。既无一言直勖，意忌之，遂出阮为始平太守。后有一田父耕于野，得周时玉尺，便是天下正尺。荀试以校己所治钟鼓、金石、丝竹，皆觉短一黍，于是伏阮神识。"

徽之船中连吹三曲，这就是有名的"桓伊三弄"的故事。① 桓伊当了大官，但灵魂深处还是一个艺术家，每次听到好歌便陶醉不已，谢安说他"一往有深情"②。他和王徽之正是惺惺相惜，各自欣赏对方的风流才情，而忘掉了地位、礼节这些世俗的东西。这个故事被后世文人传为美谈。

说完音乐，再来说绘画。

我们现在所讲的中国画是用毛笔在纸上或绢上作画，使用的工具和技巧来源于书法，所以古人说"书画同源"。这样的中国画是在书法成熟之后才产生的，魏晋正是中国书法成熟并趋于巅峰之时，所以中国画也跟着发达起来。魏晋之前基本没有什么有名的画家，根据记载，最早有名的画家如曹不兴、卫协、张墨，都是到了三国晋初才出现的，直到东晋南朝才出现戴逵、顾恺之、戴颙、宗炳、陆探微、张僧繇这样的大家。我们这里来讲讲戴逵和顾恺之。

戴逵（？—396年）是东晋人，字安道，出身士族，却一辈子隐居不做官，只喜欢文学艺术。但他跟当时的名流都有交往，谢安、刘惔都很赏识他。他跟王徽之的交情尤其好，著名的"雪夜访戴"故事中的"戴"就是他，访的人是王徽之。这个故事在《世说新语·任诞》中可以找到：

---

① 《世说新语·任诞》第四十九则："王子猷出都，尚在渚下。旧闻桓子野善吹笛，而不相识。遇桓于岸上过，王在船中，客有识之者云：'是桓子野。'王便令人与相闻，云：'闻君善吹笛，试为我一奏。'桓时已贵显，素闻王名，即便回下车，踞胡床，为作三调。弄毕，便上车去。客主不交一言。"

② 《世说新语·任诞》第四十二则："桓子野每闻清歌，辄唤'奈何'，谢公闻之，曰：'子野可谓一往有深情。'"

王子猷居山阴，夜大雪，眠觉，开室命酌酒，四望皎然。因起仿偟，咏左思《招隐诗》。忽忆戴安道。时戴在剡，即便夜乘小船就之。经宿方至，造门不前而返。人问其故，王曰："吾本乘兴而行，兴尽而返，何必见戴？"

戴逵和他的儿子戴颙都以画佛像著名，并且由绘画走向雕塑，父子俩都是著名的佛像雕塑家。戴逵还是中国山水画的开山人物之一。戴逵的文章也写得很好，所作《竹林七贤论》很有名，刘义庆撰写《世说新语》以及刘孝标后来注解《世说新语》，都从中取材不少。

顾恺之（约345—409年），字长康，小字虎头，也是东晋人，时人说他有"三绝"：画绝、文绝、痴绝。顾恺之做过桓温的幕僚，桓温的小儿子桓玄拿他当半个长辈看，却欺负他"痴"，老是捉弄他。有一次拿了一片柳叶送给他，说，这是知了藏身的叶子，人拿了它，别人就看不见。顾恺之听了很高兴，就拿来挡住自己的脸，而桓玄竟然掏出小鸡鸡来，往顾恺之裤子上撒了一泡尿。顾恺之这一下更高兴了，相信是柳叶把自己遮住了，桓玄看不见他才会往他身上撒尿。又有一次，顾恺之把一柜子自己最喜欢的画寄放在桓玄家里，在柜门外面贴好封条。桓玄偷偷把柜门打开，拿走了画，又把封条还原，还骗顾恺之说他没动过。顾恺之竟然也相信，还叹了一口气说："好画是通灵的，它们一定是变成精灵飞走了，就好像高人羽化登仙一样。"看，这顾恺之是不是痴得可爱？痴就是傻，像痴情那样的傻，事实上，我们在许多艺术家身上都或多或少会看到一点顾恺之那种傻劲。一个艺术家常常以自己的主观情感和逻辑来观察世界、诠释世界、想象世界，而且越是天才的艺术家，就越是对自己的观察、诠释与想象深信不疑。正因为有这种丰富而执着的想象力，他们才能够创造出惊世绝俗的艺术品。《世说新语·巧艺》中所记顾恺之的几个故事，都很能说明他这种特殊的观察力和想象力：

　　顾长康画裴叔则，颊上益三毛。人问其故，顾曰："裴楷俊朗有识具，正此是其识具。看画者寻之，定觉益三毛如有神明，殊胜未安时。"（第九则）

　　顾长康好写起人形，欲图殷荆州。殷曰："我形恶，不烦耳。"顾曰："明府正为眼尔。（仲堪眇目故也。）但明点童子，飞白拂其上，使如轻云之蔽日。"（第十一则）

　　顾长康画谢幼舆在岩石里。人问其所以，顾曰："谢云：'一丘一壑，自谓过之。'此子宜置丘壑中。"（第十二则）

　　顾长康画人，或数年不点目精。人问其故，顾曰："四体妍蚩，本无关于妙处；传神写照，正在阿堵中。"（第十三则）

　　从这些故事看，顾恺之作画重神似，不以形似局限自己，善于发挥自己的想象力，来表现对方的精神特质，这跟魏晋时代的玄学思潮和美学追求是一致的。玄学以无为本，以有为末，神属于本，形属于末，神重于形，正是当时的普遍看法。所以讲养生，也强调养神重于养形，养心重于养身；讲文学，则以抒发主观情志为重，而不以精细描摹客观形象为上。

顾恺之的画在当时得到的评价很高。谢安说："顾长康画，有苍生来所无。"（《世说新语·巧艺》第七则）。顾恺之可以说是中国画的鼻祖式人物，堪与唐朝的吴道子并称画圣。顾恺之又善音乐、能文章，写过《筝赋》《观涛赋》《雷电赋》等。

绘画的发达催生了理论，中国最早的绘画理论就出现在这个时期。齐梁时代的谢赫（479—502 年）作《古画品录》，提出了著名的六法："一气韵，生动是也；二骨法，用笔是也；三应物，象形是也；四随类，赋彩是也；五经营，位置是也；六传移，模写是也。"① 一直为后世画家所遵奉。

最后来简单谈谈雕塑和建筑。

这两门艺术都跟绘画有关，又跟佛教有关。早期的雕塑家几乎同时是画家，画的是佛像。佛教从东汉末传入中国，到魏晋南北朝（尤其是东晋和南北朝）时期已经相当流行，因而便有了雕塑佛像、起建寺庙的需求。东晋南渡，门阀士族多随司马氏迁徙到江南，有名的僧人、法师也大多南来，但寺庙搬不走，中下层的佛教徒和寺庙留在北方，而名僧和佛理则到了江南。所以那时的状况是，北方主要发展佛教的硬件，江南则发展佛教的软件，于是佛教的雕塑多建于北，佛教的画像则发达于南。著名的佛像画家戴逵、戴颙父子都是东晋人，而著名的佛教雕塑云冈石窟、龙门石窟、敦煌莫高窟则都在北方。南朝直到梁武帝（他自己就是虔诚的佛教徒）以皇帝的力量推动佛

① 此用钱锺书《管锥编》的读法。传统的读法是："一、气韵生动是也；二、骨法用笔是也；三、应物象形是也；四、随类赋彩是也；五、经营位置是也；六、传移模写是也。"

教的发展，才慢慢有了"南朝四百八十寺，多少楼台烟雨中"（唐杜牧诗）的盛况。

第十四章　扪虱而谈天下事

——药、酒与名士风度

名士为什么会长虱子？

刘伶为什么不穿衣服？

五石散（寒食散）和酒

竹林七贤　张翰　顾和　王猛

　　前面我提到魏晋士族的精英分子在当时叫作名士，名士这个词开始是有严格定义的，能够称为名士的人，都是在人品、学问、操守各方面有很高的名望，为大家所公认的杰出人物。东晋时候袁宏写的《名士传》里，把夏侯玄、何晏、王弼三人称为正始名士，把竹林七贤称为竹林名士，把裴楷、乐广、王衍、庾敳、王承、阮瞻、卫玠、谢鲲称为中朝（西晋）名士，从曹魏到西晋百年间，一共只有十八人，可见选取的标准是很高的。这些名士除了有品德和操守之外，还有一个共同的特点，就是都"善清言"，也就是很会清谈。而要会清谈，除了学问好口才好之外，重要的是对魏晋的新思潮（即玄学）有很深的理解。以上十八人实际上就是魏晋玄学的创建者、鼓动者，都是魏晋清谈和玄学中的重要人物。

　　但是名士的称号后来越用越滥，好像今天的博士贬值一样，水货很多，以至于有人讲："名士不需要什么奇才，只要有时间，尽情喝酒，熟读《离骚》，就可以叫名士了。"说这个话的是王濛的孙子王恭（见《世说新语·任诞》第五十三则），那时已经到了东晋的晚期了。王恭也算当时的一个名士，但是无论学问能力都远不如前辈了，对玄学和清谈，王恭简直就是个门外汉，所以才会说出这样的话。但这话也反映了当时的实际情况，当时很多所谓名士多半就是像王恭说的，出身于门阀大族，借着父祖的余荫过着富裕浪荡的生活，成天只会喝酒，以为会喝酒就是名士，本领却是没有的。东晋时号称"八达"之一的毕卓就说："一手持蟹螯，一手持酒杯，拍浮酒池中，便足了一生。"（见《世说新语·任诞》第二十一则）为了表示自己的放荡不羁，还借酒装疯，做出一些奇奇怪怪的行为——有人甚至跟猪一起喝酒（见《世说新语·任诞》第十二则）。

为什么名士跟喝酒会连到一块呢？这可能跟竹林七贤有关。竹林七贤所处的时代，正是所谓魏晋"易代之际"，司马氏大权在握，准备篡夺曹家的政权，用极其虚伪残酷的手段，诛杀异己，尤其是杀害士族精英分子中不愿意倒向司马氏而又有相当号召力的人物。弄得名士们人人自危，于是一些人就靠喝酒来麻痹自己，或借酒装糊涂，尽量离政治旋涡远一点。《晋书·阮籍传》说："籍本有济世志，属魏晋之际，天下多故，名士少有全者，籍由是不与世事，遂酣饮为常。"阮籍的态度很有代表性，在竹林七贤中，嵇康、向秀、刘伶、阮咸都差不多是这种想法，不过嵇康最终还是没有躲过去，只有山涛和王戎比较滑头，一面喝酒，好像不关心世事的样子，一面其实是在等待时机，看看到底鹿死谁手，再来决定自己的去向。

但这些人心里都不平静，他们的喜欢喝酒，都是麻醉自己、解忧解闷、减轻压力的手段。后来司马氏跟曹氏之间胜负已定，晋朝建立，士族知识分子不倒向司马氏的已经杀光了，剩下的不是司马氏的附庸就是被迫臣服的，再过若干年，士族知识分子中对司马氏的反抗已经不存在了。这个时候其实已经不需要靠喝酒来麻醉自己了，却有些人把竹林七贤喜欢喝酒这种表面做派继承下来，称为"竹林遗风"，而竹林名士反抗丑恶现实的灵魂则完全被忘记被遗弃了。这就有点像西方的嬉皮士，开始何尝没有反抗现实的意味，到后来就纯粹是一种对堕落的掩饰了。这一点当时有眼光的人就已经指出来了，例如东晋的戴逵写了一篇《竹林七贤论》，其中就有这样的话：

　　是时竹林诸贤之风虽高，而礼教尚峻。迨元康中，遂至放荡越礼。乐广讥之曰："名教中自有乐地，何至于此！"乐令之言有旨哉！谓彼非玄心，徒利其纵恣而已。（见《世说新语·任诞》第十三则刘孝标注所引）

　　这是说，竹林七贤的行为虽然也有放荡之处，但并没有真正违背礼教，而到了西晋元康时代那些仿效竹林七贤的人（比如谢鲲、阮放、毕卓、羊曼、桓彝、阮孚等人，号称"八达"），就已经没有什么寄托（"玄心"），只是拿来做颓废、放纵的理由（"利其纵恣"）罢了。
　　魏晋名士跟喝酒的关系还与当时名士的服药风气有关。士族兴起之后，个体意识觉醒，又有足够的经济条件，所以其中的许多人开始讲究养生，希望自己珍贵的生命能够活得更长久一些。中国的养生文化在魏晋之前只局限在极少数的统治阶层范围之内，所以不成气候，到魏晋士族兴起之后，整个士族阶层都有条件讲究养生了，中国的养生文化才真正形成。第一篇认真讨论这个问题的理论文章就是嵇康的《养生论》。嵇康在《养生论》里提出了很多宝贵的论点，如他说养生要同时注意养神和养形，而养神更重于养形，神为形之君，都是至今仍然有重要价值的观点。嵇康在《养生论》里还说到，服药可以延年，这大概也是当时相当流行的观点。东汉以来特别是魏晋以来，讲究服药养生的人越来越多，以至于成了一时风气。当时流行一种药叫五石散，是用五种矿物炼制而成，五种矿物是紫石英、白石英、赤石脂、钟乳石、石硫黄，另佐以海蛤、防风、栝楼、白术、人参、桔梗、细辛、干姜、桂心、附子等十种中草药，捣筛为散，用酒送服。服用这种药后，要吃冷食，所以五石散又名寒食散。但是喝酒却要喝热酒，喝酒之后还要走路，以发散药力，称为"行散"或"行药"——现在说的"散步"可能就是从"行散"来的。五石散既然要用酒来佐服，那么喝酒的风气自然更盛了。服药与饮酒在当时名士中很流行，据学者李修建的粗略统计，有记录可查的服药饮酒的名人就有二十几位①。

五石散这种药物是用五种矿物炼成的，而服药的禁忌又很多，稍一不慎就可能丧命。从留下来的历史记载来看，有服了以后身体变好的，如何晏，但也有触犯禁忌而丧命的，如裴秀。恐怕有更多的人虽未丧命却产生了严重的副作用，我很怀疑，那个时代之所以有那么多性格古怪的人，可能就跟服药有

---

① 见李修建《风尚——魏晋名士的生活美学》，人民出版社 2010年 8 月出版。

关。比如前面所讲的竹林七贤中的刘伶，有一次朋友来访，因为没有预先通知，居然撞见他老兄在家里一丝不挂，他还自我解嘲说，我是以天地为房屋，以房屋为衣裤，你怎么不打个招呼就钻到我的裤裆里来了？（《世说新语·任诞》第六则）从前的人都说这表现了刘伶的旷达，自然不能算全错，但真正的原因，恐怕是他老兄正好服了五石散，全身发烫，穿衣服不舒服，便干脆脱光了。

人服了五石散会皮肤发热，变得很敏感，如果衣服太粗太硬，穿了便难受，所以当时服药的名士都不喜欢穿新衣服，因为新衣服不够光滑，也不喜欢穿刚洗好的衣服，因为古时洗衣都要用米汤浆，晒干了就很硬。他们宁可穿旧的脏的衣服，而且很少洗澡，结果身上就容易长虱子。长虱子本来不是一件光彩事，但在那个时代却变得光彩了，因为你必须是贵族是名士才有条件有知识服五石散，服了五石散才会常穿脏旧衣服，才容易长虱子，所以长虱子倒变成了有钱有闲有文化有地位的象征。就像今天西方女人以古铜色的皮肤为美一样，因为古铜色是晒出来的，有钱而且有闲的人才可能常常到海边或度假胜地享受日光浴，一般人是享受不起的，所以古铜色的皮肤就意味着富裕闲适，是上层阶层的象征。

看魏晋时候的记载，不少大名鼎鼎的人物身上都长虱子，而且一点都不以为耻。嵇康在写给山涛的绝交信中就大大方方地说自己"性复多虱，把搔无已"。据《世说新语·雅量》第二十二则，东晋初年的名臣顾和坐车上朝的时候，停下车来抓虱子，另一个大臣周顗经过他的车子，他"夷然不动"，一点都不觉得不好意思。还有一个更著名的例子，是关于北朝的名士王猛的，他后来当了苻坚的宰相。在他还没有出山的

121

时候，碰到桓温北伐，他便去拜访桓温，想试探一下南朝的情形，看看能不能到南朝去做官。他在桓温的面前一面抓虱子，一面侃侃而谈天下大势，用文言文来说就是"扪虱而谈天下事"。

这"扪虱而谈天下事"后来就成了典故，常常拿来形容名士，但须是真正的名士、有本事的名士才行。至于那些没本事的假冒名士，就只会服药喝酒脱衣服抓虱子，却不会谈天下事。没有真本事的所谓名士，只是一些水货，但是社会上这些水货多了，自然也会有些水货出了名，如果他们的家世好，爷爷老子有名，还很可能碰巧做了大官。当社会平安不出乱子的时候，他们也可以稳居高位享尽荣华，一旦发生动乱群众闹事，这些水货名士就会出洋相了，有很多最后连自己的命都送掉了。比方说王导的孙子王廞，就是一个这样的"名士"。权臣王国宝乱政，王恭兴兵讨伐，王廞以为机会到了，便起兵响应，居然任命他的女儿当将军，还乱杀异己。不久王国宝死了，王恭叫王廞停兵，王廞却收不住了，又反过来要讨伐王恭，最后被打得大败，死后连尸首都找不到。

后世一谈到名士风度，差不多就只剩下两个特征，一个是喝酒，一个是不修边幅，其实真正的大名士必须要有经邦济世之才，像诸葛亮、王导、谢安、王猛这样的人才算得上。宋代的王安石有一篇非常短小的文章，叫《读孟尝君传》，一共只有八十九个字，全文如下：

> 世皆称孟尝君能得士，士以故归之；而卒赖其力以脱于虎豹之秦。嗟乎！孟尝君特鸡鸣狗盗之雄耳，岂足以言得士？不然，擅齐之强，得一士焉，宜可以南面而制秦，

尚何取鸡鸣狗盗之力哉？鸡鸣狗盗之出其门，此士之所以
不至也。

王安石这里讲的"士"就是我所说的真正的名士，有一两
个这样的名士，国家就可以治理好，而水货的名士再多，又有
什么用呢？

还有一类名士，他们的能力没有表现在治国上，而是表现
在学问与人品上，像前面提到的王弼、嵇康、阮籍、戴逵，这
也是真正的名士，他们为学术文化做出了了不起的贡献，也不
是那些水货可比的。

下面我还想谈谈另外一种名士，他们生于乱世或将乱之
世，知道以自己的能力不足以救世，又不愿意同流合污，便看
破名利，远离官场，保持自身的清高与节操。举一个例子，两
晋之交有一个风流才子叫张翰，他也是一个喜欢喝酒放荡不羁
的人，时人都拿他跟阮籍相比，称为"江东步兵"。"步兵"
就是指阮籍，阮籍是河南人，曹魏末做过步兵校尉；"江东"
就是江南，当时用来指三国时代吴国统治的地区，张翰是吴
人。"江东步兵"意思就是"江南的阮籍"。有人问他："你只
管喝酒，难道都不要后世之名吗？"他回答："使我有身后名，
不如即时一杯酒。"他在西晋后期离开家乡到洛阳做官，是齐
王司马冏的幕僚，后来看到政局一天不如一天，大乱将起，非
独木可支，就想及早抽身。那一年秋风起，他想起家乡的莼菜
羹、鲈鱼脍，突然发感慨说："人生贵在适意，怎么能待在距
家乡几千里之外的地方追求名利呢？"便立刻把官帽丢下，叫
仆人驾了一辆车就回家了。不久果然爆发了历史上著名的八王
之乱，齐王司马冏是八王之一，死于乱中。这时大家才知道，

张翰想念家乡的莼菜羹、鲈鱼脍只不过是个借口，逃离危险的政治旋涡才是他的真实意图。像张翰这样的人，有才能，有远见，见机而作，全身避祸，是真风流，真潇洒，也不是那些贪恋富贵、不知进退的水货名士可比的。

古人有副对联说："唯大英雄能本色，是真名士自风流。"这副对联上下联要以互文看，它的意思是互相补充的，真正的名士也就是大英雄，风流（"风流人物"的"风流"，非指好色）就是他们的本色。不是能喝几口酒、玩一玩世，做出一副嬉皮士的姿态，就可以自称名士的。

啊，名士，名士，后世对此有多少误解，是该给"名士"正一正名了。

第十五章　如此人，曾不得四十
——魏晋名士的养生文化

神仙有没有？延年益寿是可能的吗？

《养生论》　《抱朴子》

嵇康　葛洪　陶弘景　颜之推

　　在第十四章里提到魏晋的养生文化，但没有多讲，其实这个问题很值得提出来单独谈一谈。

　　中国传统文化中比较有系统的养生理论首见于魏晋时期。有关养生的问题，虽然先秦已有零星论述，两汉也续有发挥，但真正成为关注的热点、形成讨论高潮是在魏晋。魏晋时士族兴起，养生文化在知识阶层开始流行，并借由知识阶层逐渐走向民间。所以魏晋时期在中国养生文化发展中是一个最重要的环节。

　　养生意识缘自对自我生命的珍惜，所以早期的养生文化只是局限在社会金字塔的顶端，如皇帝（故早期养生术著作都假托黄帝与素女、神仙的问答），因为社会财富贫乏、贵贱悬殊，只有顶端的人才有珍惜生命的需要与讲究养生的可能。到了魏晋时期就不同了，门阀士族在社会上取得了很高的地位，有了充足的财富，在一定程度上摆脱了对皇权的依赖，士族中的精英分子也开始意识到自己生命之可贵了。前面讲过一则故事，出自《世说新语·伤逝》：

> 王长史病笃，寝卧灯下，转麈尾视之，叹曰："如此人，曾不得四十！"及亡，刘尹临殡，以犀柄麈尾著柩中，因恸绝。（刘孝标注：濛别传曰："濛以永和初卒，年三十九。沛国刘惔与濛至交，及卒，惔深悼之。虽友于之爱，不能过也。"）

王濛临死的叹息和刘惔的悲痛，最能说明魏晋士族精英分子对生命的留恋和对自我的珍惜。而且，这种对一己生命的留恋与珍惜，在魏晋名士中并不只有一两例，而是一种普遍的情绪。正如王羲之在《兰亭序》中所表达的：

> 夫人之相与，俯仰一世，或取诸怀抱，晤言一室之内；或因寄所托，放浪形骸之外。虽取舍万殊，静躁不同，当其欣于所遇，暂得于己，快然自足，曾不知老之将至。及其所之既倦，情随事迁，感慨系之矣。向之所欣，俯仰之间，已为陈迹，犹不能不以之兴怀。况修短随化，终期于尽。古人云："死生亦大矣。"岂不痛哉！

这种强烈的情感是摆脱了把自己定位于皇权的奴隶和工具的心态，意识到我就是自己的主人的人才会有的。所以魏晋时代养生文化的发达是以士族社会为背景的，没有士族阶层的产生，就没有个体意识的觉醒，没有个体意识的充分觉醒，就没有养生文化的普及。

魏晋人珍惜生命还有另外一个原因，就是他们刚刚经历了一场社会的大动乱，而且还继续生活在这个动乱的余波中。这场大动乱就是汉末的农民大起义，和由农民大起义所引发的军阀大混战，以及随之而来的饥饿、瘟疫、死亡。在这场大动乱里，中国的人口几乎减少了80%—90%。据金兆丰《中国通史·食货》统计，汉桓帝永寿二年（156年）全国户数是1607万户，人口是5006万，到三国末年魏蜀吴户数合计只有149万户，人口剩下560万，几乎减少了90%。曹操的诗里说："白骨露于野，千里无鸡鸣。"（《蒿里行》）王粲的诗也说："出门无所见，白骨蔽平原。"（《七哀诗》）基本上是写实，并不夸张。这场大动乱极大地消耗了这个国家的元气和民族的精气，所以接下来的魏晋南北朝不仅政权更迭频繁，人的寿命似乎都普遍缩短。如果我们统计一下魏晋名人的寿命，就会发现那个时代享高寿者甚少，而短命的甚多。比如建安时代的三曹七子，除了曹操活到六十五岁，孔融活到五十五岁，其余曹丕（187—226年）、曹植（192—232年）、王粲（177—217年）、刘桢（？—217年）、徐幹（171—218年）、阮瑀（约165—212年）、陈琳（？—217年）、应玚等人都只活到四十来岁。魏时的荀粲（约209—约237年）、王弼（226—249年）只活了二十几岁，嵇康只活了三十九岁，其余如何晏（？—249年）、夏侯玄（209—254年）、钟会（225—264年）也不过四十来岁。西晋的二陆——陆机（261—303年）、陆云（262—303年），两潘——潘岳（247—300年），潘尼（约250—约311年），一左——左思（约250—约305年），也都只活了四五十岁。这些人或死于疾疫，或死于政争，善终的很少。魏晋士族虽然生活都相当优裕，却无法避免早死，因此如何延长宝贵的生命，享受更多的荣华富贵，就成了他们心中的渴望与理想。这种心态造就了养生文化的肥沃土壤。

在魏晋养生文化中，嵇康是开风气之先的人物，他的《养生论》是中国古代第一篇系统讨论养生的理论和方法的重要文章。嵇康写了《养生论》以后，他的好友向秀写了一篇反驳他观点的文章《难养生论》，于是嵇康又写了一篇《答难养生论》，更详细地阐述了自己的观点。《养生论》和《答难养生论》合在一起看，才能更系统地了解嵇康关于养生的理论。这两篇文章在古文中算是很长的，这里只扼要地介绍嵇康的主要观点。

首先，谈养生得解决一个前提性的问题，即生到底可不可以养，或者说生命的长短究竟是一个定数还是一个变数。儒家有一个观点，说"死生有命，富贵在天"，这句话常常被一些人做庸俗的解释，结果就变成阎王掌握人的生死簿，生死簿上记载着人的寿命，都是早就定好的，多活一刻少活一刻都不可能。如果按照这个观点，就不必谈养生了，养与不养都一样。道教则与此相反，不仅认为寿命可以延长，而且只要修炼得法，人还可以长生，变成不死的神仙。嵇康的《养生论》首先就反驳这两个极端，说它们"两失其情"，而提出自己的观点：

> 夫神仙虽不目见，然记籍所载，前史所传，较而论之，其有必矣。似特受异气，禀之自然，非积学所能致也。至于导养得理，以尽性命，上获千余岁，下可数百年，可有之耳。

就是说，神仙有，但学不成，而普通人的生命不是定数，通过修炼可以延长，达到几百岁、千把数都是有可能的。立了这个观点做前提，嵇康接下去就谈通过什么途径可以达到养生延寿的目的，用他自己的话讲就是如何"导养得理，以尽性命"。嵇康提出了许多至今也没有过时的重要观点，简括起来说，我认为主要有下面几点：

一、形神相须。嵇康把人的生命分为形（物质的）、神（精神的）两个部分，认为这两个部分互相依存，不可分离，"形恃神以立，神须形以存"。

二、神为形之君。形神虽然互相依存，但有主次之分，神是主，是君，形是次，是臣："精神之于形骸，犹国之有君也。"所以在养生中，养神重于养形，养心重于养身，养生要"修性以保神""安心以全身"。

三、养神养形，都要慎微。无论服药饵（嵇康认同"上药养命，中药养性"）、节饮食、慎寒暑、寡嗜欲，都不能忽视点点滴滴的努力，即所谓"一溉之功"（用给植物浇水做比方，每一次灌溉都是有功效的），避免"害成于微，而救之于著"。

四、兼养为功。养生要注意到各个方面，哪个方面都不能忽视，都必须兼顾到。而一般人很难面面俱到，所以嵇康说：

养生有五难：名利不灭，此一难也。喜怒不除，此二难也。声色不去，此三难也。滋味不绝，此四难也。神虑精散，此五难也。

除了这五难之外，还有各种来自其他方面危害生命的因素，也不能忽视。嵇康就举了一些例子。比如《庄子·达生》讲到有个叫单豹的，养生养得很好，七十岁了还像个年轻人，结果却被老虎吃掉了。又有个叫张毅的，外功练得很好，能够飞檐走壁，结果却得了内脏发炎的病死掉了。就我们今天的情形讲更复杂了，大至战争、自然灾害、环境污染，小至人为事故、流行病、车祸，都可以夺人性命。如果养生不能兼顾这种种方面，还是达不到延年益寿的目的。

嵇康之后，养生问题进一步上升到哲理高度，变成玄学清谈中一个重要的辩论题目。《世说新语·文学》第二十一则：

> 旧云，王丞相过江左，止道声无哀乐、养生、言尽意三理而已，然宛转关生，无所不入。

可见，养生问题在士族精英分子中已经变成经常性的话题。此后，越来越多的人对它进行理论探讨，自然也有不少人付诸生活的实践。如东晋的葛洪（284—约364年）也有一篇《养生论》，大意与嵇康差不多，但远不如嵇康深刻，不过有些地方讲得较细。下面择要介绍几点：

一、养生要除六害。六害是：一名利、二声色、三货财、四滋味、五佞妄、六沮嫉。这跟嵇康说的差不多，但增加了"货财"，认为蓄货贪财也是对生命有害的。另外"佞妄""沮嫉"特别概括了几种负面心理，比嵇康说得具体。

二、养生要保全真气。不消耗精气神，做到少思、少念、少笑、少言、少喜、少怒、少乐、少愁、少好、少恶、少事、少机。

三、养生要注意饮食起居。不要久坐，不要久行，不要久视，不要久听。不饿的时候不要勉强进食，不渴的时候不要勉强饮水。身体要常常活动，但不要过分，吃东西要少一点，但不要到饥饿的程度。冬天的早上不要空腹，夏天的晚上不要饱食。早上不起太早，晚上也不睡太晚。

四、养生要保持好的心态，做到气定神闲，宽泰自居，恬淡自守。不行欺诈，不跟人争斗。要行善，不要作恶。

另外，他所著《抱朴子》一书中，对于养生问题还有一些讨论，大体上跟《养生论》中意思差不多，只是对更多的养生禁忌进行强调。下面一段摘自《极言》，文字比较浅显，就不解释了：

> 是以养生之方，唾不及远，行不疾步，耳不极听，目不久视，坐不至久，卧不及疲，先寒而衣，先热而解。不欲极饥而食，食不过饱；不欲极渴而饮，饮不过多。凡食过则结积聚，饮过则成痰癖。不欲甚劳甚逸，不欲起晚，不欲汗流，不欲多睡，不欲奔车走马，不欲极目远望，不欲多啖生冷，不欲饮酒当风，不欲数数沐浴，不欲广志远愿，不欲规造异巧。冬不欲极温，夏不欲穷凉，不露卧星下，不眠中见肩。大寒大热，大风大雾，皆不欲冒之。五味入口，不欲偏多，故酸多伤脾，苦多伤肺，辛多伤肝，咸多则伤心，甘多则伤肾，此五行自然之理也。

显然，在养生方法上葛洪主张把握中庸之道。他在这段话的前面引《仙经》曰："养生以不伤为本。"不伤生就是养生。把握中庸之道，就是为了不伤生。这个道理对我们现代人的保健养生仍然具有重要的指导意义。一些人为了追求强身而大量运动、强力锻炼、挑战极限，或过分追求营养、不必要地进补，不但无益而且有害。

葛洪之后，著名的养生家还有齐梁时代的陶弘景（456—536年）。陶弘景和梁武帝萧衍颇有交情，他虽然三十六岁之后就隐居句容的茅山不做官，但梁武帝每遇军国大事常常咨询他的意见，所以时人给了他一个"山中宰相"的外号。陶弘景读书甚广，尤其精通医药学，撰有《本草经集注》《陶氏效验方》《补阙肘后百一方》《药总诀》等著作，尤以《本草经集注》最为著名，对隋唐以后药物学的发展有重大影响，在中国医学史上有重要地位。陶弘景幼读《抱朴子》，对葛洪很佩服。葛洪提倡服药、炼丹，陶弘景也长期从事药饵、炼丹的研究。在丰富经验的基础上，他撰写了《太清诸丹集要》《合丹药诸法式节度》《服饵方》《服云母诸石药消化三十六水法》《炼化杂术》《集金丹黄白方》等炼丹服饵著作。

中国传统的养生术，最重要的有导引（如五禽戏、八段锦等）、行气（如各种气功）、炼丹服食（如五石散之类）、房中（如男女双修之类）四派。这四派的研究在魏晋时期都已经具备了相当的规模，限于篇幅这里无法细讲。我只想特别指出，炼丹一派本是为了养生、延寿，却意外地变成了后世化学的鼻祖，英国科学史家李约瑟（Joseph Terence Montgomery Needham，1900—1995年）在《中国科学技术史》中对此充分肯定，已经成为世界科学界的共识。

比陶弘景略晚的颜之推（531—约590年以后）在《颜氏家训》中专门有一章谈养生。琅邪颜氏是当时的门阀士族之一，在家训中谈养生，正可证明养生文化在当时士族中的流行。颜之推对养生的看法基本上也就是当时的代表性看法。他的基本观点其实跟嵇康差不多，认为神仙或许有，但不鼓励子弟去修炼，他认为那是徒劳无功的："学如牛毛，成如麟角。

华山之下，白骨如莽，何有可遂之理？考之内教，纵使得仙，终当有死，不能出世，不愿汝曹专精于此。"但爱护身体，讲究养生，则是可行的："若其爱养神明，调护气息，慎节起卧，均适寒暄，禁忌食饮，将饵药物，遂其所禀，不为夭折者，吾无间然。"

颜之推对养生文化的贡献，在于他特别注意到养生与环境的关系。古时求仙的人往往想与世隔绝，躲到深山里去修炼，这其实是一种幻想，人不可能离开生长的环境，也不能离开社会。养生必须在环境中养，必须在社会中养，不可能单独一个人养，人总会受到环境或者社会这样那样的影响。因此，养生的问题就不能不联系环境和社会一起来考虑。

环境对人的影响，现在越来越多的人认识到了，整个地球环境恶化，已经对人类的健康产生巨大的危害，如果不能改善我们所处的环境而让它继续恶化，人类再怎么讲究养生也是徒然。关于这个问题，在颜之推的时代自然不可能有今天这样深刻的认识，但是对于社会跟养生的关系，他们已经认识到了。颜之推在《养生》中告诫子孙："夫养生者先须虑祸，全身保性，有此生然后养之，勿徒养其无生也。"养生要先考虑避开祸患，保全生命，有了生命，才能养生，生命保不住，谈养生就是白谈。这里提出"虑祸"的问题，就跟环境和社会有关，而侧重于社会。

魏晋南北朝是一个政治斗争激烈、政权更替频繁、社会不断动乱的时代，一个人的生命更容易受到社会因素的影响，所以考虑养生问题，就要格外注意避开社会尤其是政治对人的伤害。颜之推特别提到嵇康和石崇的例子，他们两个都很注意养生，讲究服食，但两人都在中年即死于政治斗争：嵇康被司马氏所杀，死时才三十九岁；石崇死于八王之乱，死时也不过五十一岁。这两个人都注意养生，却都没有注意"虑祸"，尤其是政治斗争之祸，结果养生就白养了。

颜之推对养生文化的另外一个贡献，是坚持儒家思想中追求生命意义的积极一面。人和动植物都有生命，但人有灵魂，人需要意义和价值才活得下去，动植物则不需要。所以人的养生就不可能跟动植物一样，一只乌龟能活几百年，一棵树能活几千年，这样无知无识无灵魂无意义无价值的生命，并不是人所追求的。人的养生在根本上是追求有意义有价值的人生，让这样有意义有价值的人生更长一些，更充分一些。所以养生是要养有意义有价值之生，不是养无意义无价值之生，养生是要在追求品质的前提下去追求长度，如果两者不能得兼，则宁可取品质而不是取长度，生命的品质比生命的长度更重要。不讲究生命的品质而只是活着，这叫苟活，如果养生只是注意长度而不注意品质，这叫苟养。生不可不养，但也不可以苟养。

颜之推讲："夫生不可不惜，不可苟惜。""苟惜"就是没有原则地爱惜。爱惜要有原则，不是在什么情况下失去生命都可惜。怎样失去生命是可惜的呢？颜之推说："涉险畏之途，干祸难之事，贪欲以伤生，谗慝而致死，此君子之所惜哉。"这里讲了四种情况：第一，"涉险畏之途"，就是没有必要而走危险的道路，这样死掉是可惜的。举个例子，有人不遵守交通规则，为了抢一秒两秒，冒险穿过马路，结果被车轧死，这是不值得的。有人飙车抖威风，与同伙争胜，结果撞死，这也是不值得的。长江涨大水，还有人故意去游泳，表示自己很勇敢，结果淹死，这也是不值得的。这样的例子很多，现实中死于这种没必要的冒险之事，时有所闻，尤其是在青少年中。第二，"干祸难之事"，就是做一些不好的尤其是犯法的事，这样死掉也是可惜的。例如拉帮结派干坏事，争风吃醋，聚众斗殴，贩卖毒品，因而被打死或判罪而死，这样的死显然是不值得的。第三，"贪欲以伤生"，因为贪财或纵欲而伤害身体，这样也是可惜的。这样的例子很多，现在尤其普遍，贪污腐化、卖官行贿、包养情妇、纵欲伤身，几乎每天报纸上都可以读到这样的故事，如果因此而伤害身体甚至丢掉性命，自然也是不值得的。第四，"谗慝而致死"，被人陷害，被人说坏话，或自己说别人的坏话，陷害别人，因而致死。这样的事常常发生在争权夺利、争风吃醋的过程中，显然也是不值得的。

什么样的死是值得而无须惋惜的呢？颜之推说："行诚孝而见贼，履仁义而得罪，丧身以全家，泯躯而济国，君子不咎也。""行诚孝而见贼"，因为做忠臣孝子（这里"诚孝"就是"忠孝"，"忠"改为"诚"是为了避隋朝开国皇帝杨坚的父亲杨忠的讳）该做的事，而受到坏人的陷害；"履仁义而得罪"，坚持走仁义的道路而得罪了当权者；"丧身以全家"，牺牲自己保全家族；"泯躯而济国"，牺牲自己的生命挽救国家。因以上四种情况而死，这是值得的，"君子不咎也"，"不咎"就是不批评，不责备，认为应该，认为值得，无须惋惜。

惜生不能苟惜，养生不是苟养，这是讲到养生问题时必须特别注意的问题。中国的传统思想尤其是儒家思想，从来不把生命看成是至高无上的东西，人世间还有比生命更值得珍惜的东西。孔子认为仁、信都是比生命更高的价值，他说："有杀生以成仁，无求生以害仁。"又说："自古皆有死，民无信不立。"孟子也认为仁义道德是比生命更高的价值，他说："鱼，我所欲也；熊掌，亦我所欲也，二者不可得兼，舍鱼而取熊掌者也。生，亦我所欲也；义，亦我所欲也；二者不可得兼，舍生而取义者也。"所以后世文天祥临死前在《绝命辞》中说："孔曰成仁，孟曰取义，惟其义尽，所以仁至。读圣贤书，所学何事？而今而后，庶几无愧！"为什么呢？因为生命归根结底是有限的，活得好就多活几年，自然是好事，值得追求。但是，如果丧失了生命的意义，丧失了人所崇尚的道德价值，只是偷生苟活，那么多活几年只是增加了羞耻，有何意义呢？有什么值得追求的呢？所以文天祥又说："人生自古谁无死，留取丹心照汗青。"但可惜很多人就是想不透这个道理，"自古艰难唯一死"，多少人在死亡面前不能坚持节操，临难求生，不惜做变节叛国之徒，最后还是不免一死。颜之推感叹说："自乱离已来，吾见名臣贤士，临难求生，终为不救，徒取窘辱，令人愤懑。"颜之推的上述观点对我们今天谈养生仍然有积极意义。

第十六章　未若柳絮因风起
——魏晋时代妇女的故事

魏晋女子也出色吗？

才女谢道韫　风趣的钟琰

许妇　陶母

　　谈魏晋风流，若只谈男人不谈女子，是不公平的，至少是不完整的。连当时的刘义庆所撰的《世说新语》里都有一篇《贤媛》，我们总不能还不如魏晋南北朝的人吧。

　　一个时代妇女们的活动，尤其是见于记载的，往往很能说明一个社会的活力和开明程度。在中国两千多年的皇权专制社会里，妇女的地位普遍很低，史书上除了后妃传以外，顶多还有些节妇和孝女的故事，妇女们的其他活动是见不到的。史书以外，别的书籍也大抵如此。只有在思想比较自由、社会相对开明的时候，妇女们的活动记载才会多一点。魏晋南北朝就是这样的时期。那时大士族繁荣昌盛，文化教育都在士族内部进行，于是一些贵族妇女就沾了光，不少人受过良好教育，表现出令人难忘的才智，言行上相对于其他时期也有较多的自由。我在第十章里讲过谢家子女聚会谈文的故事，其中就有一个著名的才女谢道韫，她的故事很能说明一些问题。

谢道韫是东晋人，生卒年无确切资料，一般认为生活在339—409年之间。父亲谢奕是谢安的哥哥，所以谢道韫是谢安的侄女。她是老大，有好几个弟弟妹妹，其中最有名的一个是谢玄，他在淝水之战中立过大功。谢道韫后来嫁给了王羲之的儿子王凝之。谢道韫在充满文学艺术气息的王谢两家受到了良好的教育，天分又高，所以能诗能文，且有文集传世，可惜今天已经看不到了。我们现在还知道的就是她那一句咏雪花的诗"未若柳絮因风起"，因为记载在《世说新语》（见《言语》第七十一则）中得以流传下来，从此有了"咏絮之才"这个成语。谢道韫不仅能诗能文，还能清谈，这一点尤其了不起。因为清谈不是一个人的事，实际上是一种学术社交活动，而当时女子几乎不可能进入这样的社交圈，这跟十七、十八世纪的法国文艺沙龙是不一样的。《晋书》里的《列女·王凝之妻谢氏》就记载了她的两个关于清谈的故事。一次是替小叔王献之解围：

> 凝之弟献之尝与宾客谈议，词理将屈，道韫遣婢白献之曰："欲为小郎解围。"乃施青绫步障自蔽，申献之前议，客不能屈。

另外一次是晚年跟会稽太守刘柳的清谈：

> 自尔褰居会稽，家中莫不严肃。太守刘柳闻其名，请与谈议。道韫素知柳名，亦不自阻，乃簪髻素褥坐于帐中，柳束脩整带造于别榻。道韫风韵高迈，叙致清雅，先及家事，慷慨流涟，徐酬问旨，词理无滞。柳退而叹曰：

"实顷所未见，瞻察言气，使人心形俱服。"道韫亦云：
"亲从凋亡，始遇此士，听其所问，殊开人胸府。"

可惜这样一个才女却嫁了一个笨蛋王凝之。谢道韫嫁到王家之后，很不满意，回娘家时大发牢骚，说："一门叔父，则有阿大、中郎；群从兄弟，复有封、胡、羯、末。不意天壤之中乃有王郎！"阿大是谢尚，中郎是谢据，他俩是谢道韫的叔父辈，封、胡、羯、末分别是谢韶、谢朗、谢玄、谢渊的小字，都是谢道韫的兄弟辈，古人把堂兄弟叫"群从"（"从"读"纵"）。无论是长一辈的谢尚、谢据，还是同一辈的谢韶、谢朗、谢玄、谢渊，都是相当优秀的名士，没想到自己却嫁了个远远比不上诸谢的王凝之，也难怪才女谢道韫满腔怨气。更惨的是，王凝之笃信五斗米道，孙恩造反时，担任守城将军的他居然不好好设防，说已经请了鬼兵相助，结果自然一败涂地，自己脑袋也搬了家，连带四个儿子也一起赔了进去。才女谢道韫才高命薄，晚景凄凉，令人叹息。

从谢道韫的故事不难看出，魏晋时代的贵族妇女不仅有受教育的机会，还有一定的社交自由，更重要的是，她们出身高贵，自己又有才华，因而就有一种从容自信的美，语言谈吐之美，这种美比面目的姣好更高出一个层次，这是我们今天所说的内在美，是一种让人内心折服的美。所以刘柳说："瞻察言气，使人心形俱服。"

我们再来看一则故事：

王浑与妇钟氏共坐，见武子从庭过，浑欣然谓妇曰："生儿如此，足慰人意。"妇笑曰："若使新妇得配参军，生儿故可不啻如此。"

这个故事见于《世说新语·排调》第八则，"排调"是"俳谐""调侃"之意，《排调》记载的多是一些幽默、诙谐的对话。这个故事尤其妙，因为说话的是一个女子，内容是调侃丈夫，相当俏皮而开放，令人忍俊不禁。这个女子叫钟琰，是魏初大臣钟繇的曾孙女，颍川钟氏也是当时的高门，钟琰自然也是受过良好教育的。她所说的参军是王浑的弟弟王沦，王沦非常聪明，大概长得也很帅，可惜二十五岁就死掉了。王浑是西晋名将，灭吴的统帅，他跟钟琰生的儿子王济小名武子，从小就长得一表人才，后来被司马炎招为驸马。王浑对儿子很满意，言谈之中颇为自豪。而钟琰却说："如果我当年嫁了你的弟弟王沦，生的儿子会比武子更好。"这种话以中国传统观点看有点太离谱了，太另类了，而且她居然是对丈夫说。这个钟琰简直像今天的豪放女。好在他们夫妻感情不错，王沦又已经不在了，王浑跟弟弟的感情大概也很好，钟琰正是掌握了这些微妙的分寸，使得这个调侃既大胆有趣，又不至于醋海生波。

王浑跟钟琰还有一个女儿，也长得很漂亮。王济一直想为自己的妹妹物色一个好对象，后来碰到一个"兵家"出身的年轻人，很有才华，王济想把妹妹嫁给他，先禀报母亲。在魏晋时代，"兵家"指武人，又称"军户""营户"，多指寒门而有武功的家族，不是士族，往往被高门瞧不起。但是钟琰说，如果这个人真有才，门第可以不计较。钟琰出身高门，能说这样的话是很开明的。但是出身寒门不比出身高门，出身高门的人十八九岁一出来做官就是尚书郎、秘书郎、黄门郎这样清贵的官，不要几年也不要做什么特别努力，就可以升到很高的位置，所谓"平流进取，坐至公卿"（见《南齐书·褚渊王俭传论》)，但是出身寒门、兵家的人，是需要一步步努力爬上去的，所以即使才能出众，如果命不长就做不到大官。后来王济把一群年轻人带进家里，其中就有这个兵家子，钟琰一眼就看出来了，对王济讲："你说的那个青年就是他吧，但是这个人虽然优秀，却是短命相，不能把妹妹嫁给他。"结果还真被她说中了，这个青年几年后就得病死了。

可见钟琰是一个很聪慧很有见解的女人。像这样聪慧而有见解的女人，魏晋时期好像特别多，这自然跟她们在文化气氛很浓的大家族中所受到的教育熏染有关。我们再来举两个这方面的例子。

《世说新语·贤媛》第六则说到一个长得不漂亮却非常聪明的女子：

　　许允妇是阮卫尉女，德如妹，奇丑。交礼竟，允无复入理，家人深以为忧。会允有客至，妇令婢视之，还，答曰："是桓郎。"桓郎者，桓范也。妇云："无忧，桓必劝入。"桓果语许云："阮家既嫁丑女与卿，故当有意，卿宜察之。"许便回入内，既见妇，即欲出。妇料其此出无复入理，便捉裾停之。许因谓曰："妇有四德，卿有其几？"妇曰："新妇所乏唯容尔。然士有百行，君有几？"许云："皆备。"妇曰："夫百行以德为首，君好色不好德，何谓皆备？"允有惭色，遂相敬重。

这位阮家女子没有留下名字，我们只好跟着刘义庆把她叫作"许允妇"，她是阮共的女儿，阮侃的妹妹，陈留尉氏人。

陈留尉氏的阮家也是一个高门士族，阮籍就是这一家的。此条刘孝标注引《陈留志》说阮侃是嵇康的朋友，这样推测起来，阮侃应该是阮籍的族兄弟。这位阮家女子被刘义庆形容为"奇丑"，丑得许允一掀开盖头掉头就走，不想再回来。但是她的聪明睿智同样可以用"奇"来形容，她听说来访的客人是桓范，就断定桓范会劝许允再回来，果如所料。但许允看了第二眼，还是不想留下来，她扯住许允的衣襟，三言两语就把许允问得语塞。许允到底也是个聪明人，立刻对这个聪明的女子另眼相看。《世说新语·贤媛》接下去还写了她的两个故事，让我们不得不佩服这位奇女子的见识。

一个故事说，后来许允做了吏部郎，提拔了很多自己的同乡，被人告了状，魏明帝曹叡派人把他抓去问罪。临出门的时候，他太太也就是上面说的那个奇女子，告诫他说："主上很聪明，你向他求情是没有用的，只能用道理说服他。"许允记在心里，当曹叡问他的时候，他说，古书上就说过："要选你所了解的人。"我的同乡是我所了解的，请陛下查一查，看我提拔的这些人是不是称职，如果不称职，我甘当其罪。曹叡派人去查，发现许允所提拔的人果然都很称职，就免了他的罪。曹叡看他穿的衣服旧了，还赐他一件新衣服。当许允被抓的时候，一家人都吓得哭起来，只有他太太镇定自若，跟大家说："别担心，很快就会回来的。"她煮了一锅粥，在家里等着，果然不一会儿许允就回来了。

还有一个故事说的是许允因为忠于曹家政权，最后被司马师所杀，消息传来，许允的太太正在织布，听后神色不变，说："我早就知道会这样。"许允的部下想把许允的孩子藏起来，怕司马师斩草除根。她说："不需要，跟孩子们没有关系。"后来，司马师派了爪牙钟会到许允家里来察看，如果许允的孩子很优秀，就把他们抓了。许允的太太早就料到司马师会来这一招，就对两个孩子讲："你们虽然不错，但也谈不上很出色，所以你们也不必装傻，很自然地跟钟会谈话就行了。但不能表现得太悲哀，钟会问什么，你们就答什么，钟会哭，你们就哭，钟会停了，你们也停。也可以稍微问一点朝廷的事。总之，自自然然，这样就行了。"钟会回去以后报告司马师，说许允的两个儿子也就一般，司马师放了心，就没有再杀他们。

从这两条看来，这位许太太简直是料事如神。许太太的故事让我们想起诸葛亮的太太，据说这位诸葛太太长得也很丑，一头黄毛，皮肤又黑，是诸葛亮好朋友黄承彦的女儿，所以当时有谚语说："莫作孔明择妇，正得阿承丑女。"但这个丑女却聪明得不得了，帮了诸葛亮很多忙，甚至有人说连诸葛亮的兵法都是这位太太教的，木牛流马也是这位太太造的。这些大概是齐东野史，太夸张了，但她肯定也像许太太一样，是一位聪慧而有见识的女子，也许的确帮诸葛亮出过不少好主意。

聪慧而有见识的女子在那个时代还真不少，陶侃的妈妈是另一位。下面这个故事见于《世说新语·贤媛》第十九则：

> 陶公少有大志，家酷贫，与母湛氏同居。同郡范逵素知名，举孝廉，投侃宿。于时冰雪积日，侃室如悬磬，而逵马仆甚多。侃母湛氏语侃曰："汝但出外留客，吾自为计。"湛头发委地，下为二髲。卖得数斛米。斫诸屋柱，悉割半为薪，锉诸荐以为马草。日夕，遂设精食，从者皆无所乏。逵既叹其才辩，又深愧其厚意。明旦去，侃追送

不已，且百里许。逵曰："路已远，君宜还。"侃犹不返，逵曰："卿可去矣，至洛阳，当相为美谈。"侃乃返。逵及洛，遂称之于羊晫、顾荣诸人，大获美誉。

这位陶母湛氏真是聪明能干，穷得家徒四壁，却能够在短时间内为一群人马筹办到丰富的饮食。她不惜剪掉自己漂亮的长发去换米，从梁柱上劈下木材去烧火，又把床上的草垫剉了喂马，因为她知道，这个机会对极有才干而又野心勃勃的儿子来说实在是太难得了。因为陶家是寒门（陶父为武将，早死），不靠名人的推荐是上不去的，现在同郡范逵路过来投宿，这简直是天赐良机，稍纵即逝。所以她不惜血本款待范逵，后来终于通过范逵的推荐（"美谈"）让陶侃进入京都的名人圈，陶侃的才干也终于得到了表现的机会。此后陶侃一路顺畅，最后竟做到了东晋的荆州刺史、太尉，都督八州诸军事，封长沙郡公，成为中国历史上的名将名臣。

《世说新语·贤媛》第二十条还记载了有关陶母的一个小故事，说明她不仅聪慧而且品德高尚，做人很有原则：

陶公少时作鱼梁吏，尝以坩鲊饷母。母封鲊付使，反书责侃曰："汝为吏，以官物见饷，非唯不益，乃增吾忧也。"

"坩鲊"不是什么珍贵东西，但陶母认为是"官物"，不是陶侃自己掏钱买的，因此叫使者带回去退给陶侃，并且写信责备他，说："你这样做，对我没有好处，反而让我替你担心。""非此母不生此子"，有这样的母亲，才会教养出这样好的儿子。如果今天官员们的母亲都能像陶母这样有原则，中国大概就会少些贪官污吏了吧。

其实魏晋时代的贤女子尚多，不能一一枚举。一个女子在家庭中的地位很重要。母亲智商的高低、品德的优劣首先决定孩子的部分基因，其次影响子女的教育；同时，作为妻子，还必然影响丈夫的言行。所以魏晋时代的高门普遍重视婚、宦（婚姻与出仕），后代中国士族慎择婚、宦二端的传统，即始于此时。

第十七章　芝兰玉树，欲使其生于阶庭
——士族的家教与《颜氏家训》

两晋南朝的士族长盛不衰的秘诀是什么？

《颜氏家训》

　　读魏晋南北朝的历史，我们常常会惊讶于当时那些大士族能够出那么多人才，而且能够绵延那么多世代。例如山东琅邪王氏，几乎在整个魏晋南北朝时期都是一等旺族，这个家族是秦朝名将王翦之后，在汉朝就已经人才辈出了，到了晋朝特别是东晋王导之后，真可说是权倾朝野盛极一时。被鲁迅称为"名士教科书"的《世说新语》是记载魏晋士族活动最完备的一本书，里面写到的琅邪王氏一家的人物就有四十个，居所有士族之冠。根据苏绍兴《两晋南朝的士族》一书统计，在《世说新语》中出现人数最多的二十个士族，除了琅邪王氏以外，依次还有：太原王氏，二十人；颍川庾氏，十六人；陈郡谢氏，十五人；谯国桓氏，十四人；平阳羊氏，十一人；陈留阮氏，八人；高平郗氏，八人；长平殷氏，八人；太原孙氏，七人；陈郡袁氏，六人；沛国刘氏，六人；吴郡顾氏，六人；会稽孔氏，五人；汝南周氏，五人；陈留范氏，五人；河东裴氏，五人；河内山氏，四人；陈留江氏，四人；吴郡陆氏四人。

这些家族之所以能够人才辈出长盛不衰，原因当然不止一端，但注意对子弟的培养教育无疑是一个重要的因素。《世说新语·言语》第九十二则一段谢安和晚辈的对话，很有意思：

> 谢太傅问诸子侄："子弟亦何预人事，而正欲使其佳?"诸人莫有言者，车骑（谢玄）答曰："譬如芝兰玉树，欲使其生于阶庭耳。"

"芝兰玉树，欲使其生于阶庭"，这话很富于诗意，其实也就是民间说的"望子成龙，望女成凤"，所有的家长都会有这样的想法，而士族这样的想法尤其强烈，尤其自觉。魏晋时期，士族阶层是当时社会地位最高的阶层，也是文化程度最高的阶层，他们对子弟的教育抓得很紧。《世说新语·德行》第三十六则记载了一段谢安和夫人的对话：

> 谢公夫人教儿，问太傅："那得初不见君教儿?"答曰："我常自教儿。"

谢安的夫人怪谢安没有教训儿子，谢安却说："我常自教儿。"这是什么意思呢？谢安的意思是：我不是不教儿，相反，我非常重视对儿子的教育，我以我自己的言行随时随地在教我的儿子。谢安这话并不是强辩，他的确是一个非常注意子弟教育的长辈，他不仅对教育抓得紧，还非常注意教育的方法，《世说新语·假谲》有一则故事写他巧妙地纠正侄儿谢玄的纨绮习气：

> 谢遏年少时，好着紫罗香囊，垂覆手。太傅患之，而不欲伤其意。乃谲与赌，得即烧之。

谢遏就是谢玄，遏是谢玄的小名。香囊是香包，覆手大概就是现在的手绢之类，一个男孩子身上吊着香包手里拿着手绢，实在不是好习惯，谢安决定加以纠正，但是又不想伤害谢玄的自尊心，便假装跟他打赌，赢了他的香包和手绢，得到之后立即烧掉，让聪明的谢玄从叔叔的行动中得到启发和教育。这个故事直到今天对我们做父母长辈的都有教育意义，那就是对子女晚辈既要严格要求，又要注意教育方法。

从以上谢安的故事，可以看到魏晋士族是如何注重教育子弟的，正因如此，士族才能养成优良的家风或说门风，这种家风或门风是世代相传的，是士族引以为傲的，也是他们区别于其他阶层的标志之一。如果家教不严，门风败坏，这个家族就会失去社会地位和他人的尊重。只有维持优良的门风不坠，才能代代都出优秀的人才，使芝兰玉树长生于阶庭，从而保证整个家族长盛不衰，维护他们已有的政治地位和经济利益。所以，如何把一个庞大的家族管理好、把子弟教育好，是士族阶层非常重视的事。在这样的背景下，一些有关家庭管理与子弟教育的著作就出现了。中国第一本系统训导后人如何教育子弟、如何管理家族的书——《颜氏家训》就是这一时期出现的。

被称为"百代家训之祖"的《颜氏家训》，作者叫颜之推，是南北朝时期的人，他所属的山东琅邪颜氏也是魏晋南北朝著名的门阀士族。颜氏家族是孔子最喜欢的弟子颜回的后代，汉末以后逐渐发展成为一个大士族。在曹魏时就出了几个两千石的大官，东晋时的颜含做到侍中、国子祭酒，封西平县侯。此后代代都有太守级的大官，南朝刘宋时的著名诗人颜延之（官至金紫光禄大夫）也是这个家族的。颜之推是颜含的九世孙。这个家族一直很昌盛，直到唐宋。例如唐朝有名的学者颜师古，就是颜之推的孙子，著名书法家颜真卿（平原太守）以及颜真卿的堂兄——在安史之乱中壮烈牺牲的颜杲卿（常山太守），也都是颜之推的后代。

颜之推生于公元531年，卒年不能确定，大致在公元590年以后。他出生在南朝梁代的江陵，二十三岁时西魏军攻陷江陵，他那时已在梁朝为官，因而被俘，并被遣送西魏。两年后他举家冒险逃往北齐，想假道北齐返回江南，不料正好碰到陈霸先废梁自立，建立了陈朝，于是他只好留在北齐。二十年后北齐为北周所亡，他又入周，四年后隋代周，他又入隋。所以他一生经历了南梁、北齐、北周、隋四个朝代，在这四个朝代都做过官，在北齐做官的时间最长（二十年），官位也最清显，为黄门侍郎，所以《颜氏家训》一书他自署"北齐黄门侍郎颜之推撰"。

《颜氏家训》共二十篇，第一篇《序致》是全书的序言，最后一篇《终制》则是颜之推的遗嘱，中间十八篇分别为：《教子》《兄弟》《后娶》《治家》《风操》《慕贤》《勉学》《文章》《名实》《涉务》《省事》《止足》《诫兵》《养生》《归心》《书证》《音辞》《杂艺》。里面讲到如何教育子女，如何处理兄弟、妯娌、后母与子女之间的关系，如何治家，如何维持门风，并告诫子孙要务力读书、要务实、要知足、要注意养生，等等。

颜之推为什么要写这本家训呢？他在序言中说，对于修身齐家，古代圣贤已经讲得很多，也有很多著作传世，自己再写会不会像"屋上架屋，床上施床"一样重复啰嗦呢？他说因为关系不同，有些道理虽然圣贤都讲过，再经由自己身边的人讲出来，往往更有说服力。用他的话来说就是："夫同言而信，信其所亲；同命而行，行其所服。禁童子之暴谑，则师友之诫不如傅婢之指挥；止凡人之斗阋，则尧舜之道不如寡妻之诲谕。"所以他写了这本书，希望给自己的子孙一些有益的训诫。他尤其感慨，颜氏家族虽然素来"风教整密"，但是他自己因为九岁就遭到家难，父亲过世，没有受过严格的管教，长大后养成一些坏习惯，经过长久的磨炼才改掉。他说自己"每常心共口敌，性与情竞，夜觉晓非，今悔昨失，自怜无教，以至于斯"（经常是心里跟嘴巴作对，理智与情感冲突，夜里觉察到白天的不对，今天追悔昨日的失误，自己哀怜没有得到良好的教育，以致落到这种境地），所以他不希望自己的子孙重蹈覆辙："故留此二十篇，以为汝曹后车耳。"（所以，我留下这二十篇文章，用来作为你们的后车之戒。）

这里简单介绍一下《颜氏家训》的第二篇《教子》。颜之推在这一篇中提出了几个关于教育子女的重要见解，对我们今天做父母的仍然有参考价值。

颜之推在《教子》里首先提出了教育子女的一个重要原则，就是教育必须从小开始，越早越好。

我们现在做父母的常常有一种普遍的误解，以为教育要到孩子懂事以后才开始，至少到等小孩子上幼儿园的时候，父母才会开始重视孩子的教育问题。颜之推告诉我们，教育子女要越早越好，如果可能，在孩子没有出生时就应该开始。他提到古代"圣王有胎教之法"，王妃们"怀子三月，出居别宫，目不邪视，耳不妄听，音声滋味，以礼节之"（妃嫔怀孕三个月时，就要迁居到别的宫室去，眼睛不乱看，耳朵不乱听，音乐、饮食都按照礼的要求加以节制）。这里说到胎教的问题，即使以今天的科学知识来看也是有道理的。母亲在怀孕的时候，不仅吃什么东西对胎儿的成长有影响，而且喜怒哀乐的情绪也会影响胎儿，尤其会影响到孩子未来的心智与精神。所以怀孕的时候，尽量不服用不必要的药物，少吃辛辣刺激的食物，多听美妙的音乐，多看美丽的风景与图片，不生气，不悲伤，是每一个母亲应有的常识。有科学家做过实验，让奶牛听美好的音乐，牛奶的产量会增加，品质会提高。那么同样地，母亲在怀孕的时候保持端正而愉快的心情与情操，对胎儿的心智健康无疑会产生良好的影响。这样看来，古人所说的"胎教"并非神乎其词，完全是有科学依据的。

如果连胎教都要注意，那么孩子出生以后的教育就更应该注意了。不要以为孩子无知无识、不会说话，事实上孩子一出生，一接触到外部世界，就马上开始了他认识世界的历程，像海绵吸水一样，时时刻刻在吸收在学习。幼儿学习和吸收的速度跟成人比起来要快得多，简直可以用"贪婪"两个字来形容。请想想，我们一个成年人，长大一岁，能学到多少新东西？对大多数成年人而言，几乎毫无长进，但是一个婴孩，从零岁到一岁，从一岁到两岁，他能学到多少东西？一个聪慧的小孩，一岁的时候就开始牙牙学语，碰碰磕磕地学走路了，两岁的时候已经可以正常走路，会讲很多话了，这速度简直不可思议。尤其在语言学习能力上，大人与小孩完全不能相比。颜之推引用孔子的话说，"少成若天性，习惯如自然"，这真是至理名言。好的品德一半是天赋，一半就靠少年养成；好的习惯更是需要在青少年时代加以培养，一旦青少年时代养成了坏习惯，长大了就很难改过来。颜之推接着还引用当时的一句俗话"教妇初来，教儿婴孩"，就是说，教老婆要从她嫁过来的时候就开始，教孩子要从婴儿时代就开始。为什么呢？因为在传统社会，老婆刚嫁过来的时候，年纪还轻，十五六岁，又没有依靠，在家里完全没有地位，要在夫家站稳脚跟，就必须虚心接受丈夫和婆婆的指点才行，所以这个时候教育最起作用，最容易被接受。为什么教孩子要从婴儿期开始呢？因为婴儿刚生下来，离开父母不能生存，一切都是一张白纸，这个时候教他什么就是什么，也最起作用，最容易被接受。

颜之推在这一篇中提出了教育子女的第二个重要原则，就是教育要从严，不能只爱不教。

颜之推说："吾见世间，无教而有爱，每不能然。"（我看到世上有些父母，对子女不加以教诲，而只是一味宠爱，总觉得不能同意。）还说："父母威严而有慈，则子女畏慎而生孝矣。"（做父母的既威严又慈爱，那么子女就会敬畏谨慎，并由此产生孝心了。）就是说，他很不同意一般人对子女只爱不教，说只有父母威严又有慈爱，子女才会畏惧谨慎，对父母产生孝顺之心。

父母对子女慈爱是一种天性，甚至可以说这是连动物都具有的本能，因为这是任何一个物种要延续自身的生命都必须具有的品性。一只母狗生了一群小狗，当陌生人走近，它便会龇牙咧嘴地发出恐吓的叫声，生怕自己的子女受到伤害。愚夫愚妇，没有受过任何教育，都知道疼爱自己的子女，所谓"水往下流""虎毒不食子"，但对子女要严加管教，却不是每个父母都懂得的，因为这需要更高的理性，更长远的目光。教养程度不高、理性不强的人，往往不懂得这个道理，总是怕孩子受委屈，不忍心看孩子受眼前之苦，该骂不骂，该打不打，用颜之推的话来讲，就是"重于诃怒，伤其颜色，不忍楚挞，惨其肌肤"（不愿意严厉地呵责怒骂，怕伤了子女的脸面；不忍心用荆条抽打，怕子女皮肉受苦），一些父母甚至溺爱自己的子女，失去是非准则，"饮食运为，恣其所欲，宜诫翻奖，应诃反笑"（他们对子女的饮食起居、言行举止，任其为所欲为，本该训诫的，反而加以奖励；本该呵责的，反而一笑了之），就是说，孩子想吃什么就喂什么，想要什么就给什么，应该批评的反而奖励，应该责骂的却一笑而过。这样的结果是让孩子不懂得是非，以为应当这样，等到长大了，习惯养成，再来管教已经不起作用了。这个时候父母的责骂反而引起子女的反感，造成父子之间的怨恨，养出一些逆子、败家子来，"至有识知，谓法当尔。骄慢已习，方复制之，捶挞至死而无威，忿怒日隆而增怨，逮于成长，终为败德"（等到孩子懂事以后，还以为本来就该如此。子女骄横轻慢的习性已经养成了，这时才去管教、制止，即使将他们鞭抽棍打至死，也难以树立父母的威信。父母的火气一天天增加，子女对父母的怨恨也越来越深。这样的子女长大成人以后，必然是一个没有道德的人）。

这个问题自古以来就存在，在我们今天的社会更加严重。我们应当懂得：慈是天性，是不需要教的；而孝却不是天性，是需要教的。所以我们看传统的"十三经"里面，有一部《孝经》，却没有《慈经》，就是这个道理。康有为在《大同书》里也说过："人之情，于慈为顺德，于孝为逆德。""顺德"是顺天性而得到的，是无须教的；"逆德"则是逆天性才有的，所以必须教。如果我们不想自己的子女将来变成不孝子、逆子，那就请从小严加管教吧，否则将来后悔就来不及了。

颜之推在《教子》篇中举了一严一宠两个例子。一个是梁朝的名将王僧辩，母亲管教甚严，他已经做了将军，年过四十，若做错了事，母亲还会拿棍子打他，结果他成就了一番大功业。另外一个例子是梁朝的一个学士，很聪明，有点小才华，父母逢人便夸奖，有了错误则替他掩盖，结果从小养成了骄傲自大的习惯，后来做武将周逖的幕僚，因为言语顶撞，被周逖杀了，连肠子都抽出来，以血涂鼓。所以父母对儿女太过宠爱，反而会害了他们，而严加管教才是真正的长远的爱。

颜之推提出的第三个教子原则，是保持适当距离，不可过分亲密。

颜之推在《教子》篇中还提到，父母跟儿女之间，一方面要亲爱周到，另一方面又要保持适当的距离，不可以过于亲密。他说："父子之严，不可以狎；骨肉之爱，不可以简。简则慈孝不接，狎则怠慢生焉。"（父亲对孩子要有威严，不能过分亲密；骨肉之间要相亲相爱，不能简慢。如果流于简慢，就无法做到父慈子孝；如果过分亲密，就会产生放肆不敬的行为。）"狎"是亲昵，亲爱得没有分寸，没有规矩；"简"是怠慢，不周到，不细致。中国的传统观念是，父子之间首先是一种尊卑的关系，这种关系永远不可能颠倒，连君臣关系也是仿照父子关系建立的，所以叫"君父""臣子"。这种尊卑关系必须严格遵守，否则整个社会都会乱套。所以父子之间再亲密，也不可以没有分寸没有规矩。这是为了更好地实施教育，并不是说对儿女不要慈爱，或儿女对父母不要孝顺，而是说慈爱与孝顺都要在承认尊卑上下的基础上进行，只要不破坏这个基础，慈爱与孝顺则愈周到愈好。

颜之推既提醒做父母的要跟儿女保持一定的距离，又强调父母子女之间慈孝要周到，这是很全面的看法。我们现在做父母的常常在这个问题上处理得不好，要么就是跟子女太亲密，不注意尊卑上下、应有的距离与礼节；要么就是漫不经心，关心不够。父母子女之间的种种矛盾与不睦，就是这样产生的。

颜之推教子的第四个原则，是父母对子女不可以偏爱，要平等对待。

父母如果在子女中有偏爱，并且把这种偏爱明显地表现在言谈行为甚至物质分配上，就会造成子女之间的不和睦，甚至造成子女之间的仇恨，引发严重的后果。颜之推在《教子》篇中就举了好几个这样的例子，希望子孙引以为戒。

颜之推在《教子》篇的最后提出教育子女的一个根本原则：教子要有义方，身教重于言教。

他讲了一个故事，说北齐有一个士大夫，曾经对颜之推讲，他有一个儿子，十七岁了，略通文墨，他就让儿子学鲜卑语、弹琵琶，用来服侍当时的达官贵人，很得达官贵人的宠爱。因为北齐是鲜卑人的政权，琵琶是鲜卑皇族和贵族喜欢的乐器，所以讲鲜卑话、弹琵琶，能得到达官贵人的赏爱，因而就有当官发财的机会。讲完这个故事后，颜之推发感慨说：

异哉，此人之教子也！若由此业，自致卿相，亦不愿汝曹为之。

用今天的话来说就是："这个人教育子女的方法真奇怪啊，

如果用这种歪门邪道，就是子女能当部长、总理，我也不愿意让你们走这条路。"

在颜之推的时代，中国北方的政权都是胡人建立的，他自己也在北齐做官二十来年，所以他的话不能不说得很含蓄，但是他的感慨是明显深沉的。稍加分析，就知道这感叹里包含了三层意思：第一，对本民族文化也就是汉文化的热爱；第二，对趋炎附势、不择手段谋求利益的人的鄙视；第三，颜之推在这里其实提出了教育子女的一个最核心的原则问题，即：怎么教子女？教子女什么？天下父母个个望子成龙，望女成凤，都希望子孙发达，但是怎么样才能使子成龙，使女成凤，使子孙发达呢？这就大有讲究了。一些目光短浅的父母只看到眼前的利益、一时的权势，总想走捷径，甚至不择手段通过歪门邪道来达到目的，而不知道教育子女的根本原则是要让他们走正道，让他们做一个堂堂正正的人。用古人的话来讲，就是"教子要有义方"（朱柏庐《治家格言》）什么是"义方"？怎样才叫"有义方"？简单地说，就是以"圣贤之道"来教育子孙，用我们今天的话来讲，就是要教给子女正确的世界观与人生观。那么什么才是正确的世界观与人生观？这就取决于父母自身的思想境界了。这样就归结到一个最根本的问题，即教育子女的前提和根本乃是教育自己，提高自己。自己境界不高，却要教出优秀的子女来，恐怕很难。其实父母对子女的教育更多是靠身教而非言教，自己思想境界高，堂堂正正，事业有成，对社会有贡献，就是子女的最好榜样。如果做父母的自己不走正道，却要儿女走正道，自己天天打麻将，甚至沉溺于赌博，却要子女不打麻将，不沉溺网络，这如何办得到呢？《颜氏家训·教子》最后一段提到的那个教儿子说鲜卑语、弹琵琶的北齐士人，不难想象，他自己就是一个趋炎附势而不懂大义的小人。

《颜氏家训》出现在两晋之后的南朝，显然不是个偶然现象，也不是颜氏一家特别重视家教，而是魏晋南北朝整个士族阶层重视家教、重视门风的反映，是他们在管理家族、教育子弟方面的经验总结。魏晋南北朝以后，隋唐兴起，人才选拔的途径逐渐由荐举征辟变为科举考试，这种变化使得大士族的存在失去了社会依据，大士族于是逐渐瓦解而变成许多小士族，直到中国传统社会被现代社会（五四以后）代替之前，遍布中国各地的大小士族一直是中国社会的骨干，社会各阶层的管理人才基本上都出身于这些士族家庭。所以，像魏晋时期的大士族，后世虽然已经不多见，但中国士族的家训传统却一直受重视，不仅是读书人家庭培养子弟的规范，也是整个社会培养管理人才的重要基础，因而累世相传，成为中国传统文化中重要的一部分，是我们民族宝贵的精神遗产。

第十八章　自杀伊家人，何预卿事！

——士族的另一面：残忍、贪婪与腐败

你的珊瑚大还是我的珊瑚大？

石崇与王恺斗富

石崇劫商、杀婢

祖逖、戴渊抢劫

　　前面讲到了魏晋时代各个方面的特色，不难发现一个情形，就是无论话题怎么样绕来绕去，总是离不开"士族"这两个字。的确，士族阶层的兴起是魏晋时代的一个最重要的事实，是造成魏晋时代不同于其前与其后时代的一个最根本原因。魏晋的士族阶层垄断了当时的政治、经济和文化各方面的资源，创造了中华民族前所未有的精神文明和物质文明。但是一切事物都有阴阳两面，士族阶层也同时有新兴进步和残忍腐败的两面。正统的历史学家，包括 1949 年以后的许多历史学家，向来都喜欢强调士族阶层残忍腐败的一面，而对士族阶层在历史上的功绩谈得很不够，我以为这是不妥当的，所以在前面几章中这方面讲得多一点。但是我们也不能走向另一个极端，因为要肯定他们的功绩就无视士族阶层的阴暗面。为了不至于产生这个误会，这一章我就重点来讲讲士族阶层的另

一面。

首先我们要明白一个事实，就是魏晋士族阶层是当时社会的上层阶层，如果把社会看成一个金字塔，那么士族阶层是位于塔尖的部分，因此我们就会明了士族阶层所享有的许多特权和所创造的文明成果，都是以整个金字塔的广大底层为基础而获得的，而他们所享有的一切以及所表现出来的一切，却并不是当时大多数老百姓所具备的。让我引几个小故事来说明这个问题。

比如第六章中讲到王戎丧子的故事，山简去看他，说："不过是几个月的孩子，为什么如此悲伤？"王戎回答说："圣人忘情，最下不及情，情之所钟，正在我辈。"王戎说的是感情问题，但是隐藏了一个把人分成三类的前提，一类是"圣人"，一类是"我辈"，一类是"最下"。"我辈"在这里其实指的就是士族阶层，尤其是士族阶层中的精英分子，"最下"指的就是广大普通老百姓。在王戎看来，普通老百姓即使在感情问题上也是不能与士族相提并论的。名士们是多情的，并且以此自豪，他们认为普通老百姓则是麻木的，不懂感情的。

再举一个例子。东晋著名的清谈家刘惔，曾当过京兆尹，为人以方正著称。《世说新语》有《方正》篇，里面有许多作风"方正"的故事。所谓"方正"，有的时候是讲为人正直，但有的时候其实就是端架子。有一次刘惔跟好朋友王濛一起在外面走，到了中午还没吃饭，有一个认识刘惔的平民特别办了一桌丰盛的酒席要款待他们两个，刘惔却坚决推辞掉了。王濛说："正好肚子饿了，人家又盛意邀请，我们就将就点，聊以充饥嘛，干吗要那样推辞呢？"刘惔回答说："小人都不可与作缘。""小人"在这里指的是普通老百姓，非士族阶层的平民，不是道德意义上讲君子小人的小人，"作缘"就是打交道。刘惔这句话是说，非士族的平民是不可以打交道的，言下之意是这样就会降低自己的身份，或者惹来不必要的麻烦。

在魏晋社会里，所谓士庶之分是很严格的，士就是士族阶层，庶就是庶民、平民，非士族阶层，士庶之间是不能通婚的，连往来都很少，用当时的话讲是"士庶天隔"。所以刘惔讲这话并不奇怪，基本上是当时士族阶层的普遍观点，只是刘惔的"原则性"很强，宁可饿肚子也不跟平民打交道。不仅士庶之间，就是士族内部也有高门与寒素之分，两者之间差别也是很大的。例如前面讲到东晋初年的名臣陶侃，父亲是东吴的将军，并非平民出身，但是因为父亲死得早，所以早年孤贫，在士族中属于寒素，就只能在县里做一个小吏。但是陶侃少有大志，不甘心困守故乡，所以努力巴结知名人士，希望得到他们的荐举。有一次同郡名人范逵带了一群仆人去洛阳，路过他家，到他家借宿，他觉得是个好机会，想好好招待一下，可是家里穷得什么都没有，幸而他的母亲很贤惠，把自己的长发剪下来换了几斗米，又把房里的木柱砍下来做柴烧，把床上的草垫拿来喂马，使范逵一行受到很好的款待。第二天早上陶侃送范逵上路，送了一百多里还依依不舍。范逵非常感动，到了洛阳后便向当时的大臣荐举陶侃，这样陶侃终于有了做京官的机会。但是直到他被举为孝廉初到洛阳的时候，还有人把他视为"小人"。有一次郎中令杨晫带他去见大官顾荣，坐同一辆车，当时有个叫温雅的吏部郎居然对杨晫说："你怎么跟小人一起坐车？"陶侃当然不是"小人"（即庶人），只不过出身寒门而已，但在出身高门的温雅看来，也就跟"小人"差不多了。

陶侃的故事告诉我们，在魏晋时期阶层的区分是非常严格的。一个出身寒素的士人，如果无人荐举，想有远大的前程几乎是不可能的，至于平民那就完全没有做官的希望。反过来，那些出身士族高门的人，十八九岁一出来就可以做到尚书郎、秘书郎、黄门郎这样清贵的官，不几年就可以升到高位，甚至有三十多岁头发还没有开始发白就做到三公的，当时叫作"黑头公"。这些出身高门士族的人升官很快，并不是因为有什么特殊才能和特别功劳，完全是借助家族背景，当时叫门地、门资、门庆。《南齐书》的作者萧子显在《褚渊王俭列传》后评论当时的这种情形，说了几句很中肯很简洁的话："贵仕素资，皆由门庆，平流进取，坐至公卿。"大意是，凡清贵之官，都出自门第很好的家庭，这些人只要随大流，并不需要特别努力，就可以步步高升，做到公卿一级的大官。这就是当时的实情。当然，中国传统社会一直存在着这种由血统决定地位的情形，从古至今大抵如此，不过在魏晋六朝的时代，由于士族把持政治的关系，这一点表现得格外明显罢了。

以上都是小故事，但是可以看出魏晋时代阶层差别之明显，所以我们讲到士族在物质文明和精神文明方面的成就，千万不要误以为魏晋人的生活都是高水准的。我们也不能因为士族阶层在当时只占社会的很小一部分，就低估他们的成就。必须明白，人类的社会结构向来都是金字塔形的，直到现代一些发达国家才开始形成有庞大的中产阶层的橄榄形社会结构。人类文明的发展是从金字塔顶端向下面逐渐扩散的，无论是物质文明还是精神文明，最早都是由金字塔顶端的少数人所拥有所享受的，但是随着社会的向前发展，这些文明最终有可能影响整个社会，从而推动人类社会的进步。

由于严格的士庶之分，魏晋社会的普通老百姓是不能跟士族阶层相比的，不仅生活水准和文明程度远远低于士族阶层，在某些特别的情形中，例如门阀士族中的奴婢阶层，甚至不被当作人看待。西晋时有一个大贵族叫石崇，这个人是出名的奢侈而残忍，《世说新语》里《汰侈》篇的第一则故事就是讲他的：

> 石崇每要客燕集，常令美人行酒；客饮酒不尽者，使黄门交斩美人。王丞相与大将军尝共诣崇。丞相素不能饮，辄自勉强，至于沉醉。每至大将军，固不饮以观其变，已斩三人，颜色如故，尚不肯饮。丞相让之，大将军曰："自杀伊家人，何预卿事！"

石崇请客，让美女向客人劝酒，客人如果不喝，说明这个美女魅力不够，就拖出去杀掉。这里的美女就是漂亮的婢女，石崇是他们的主人，说杀便杀，哪里是把她们当人，简直就是当牲口看待。而那些婢女显然是不受法律保护的。

《汰侈》篇还有好几个石崇跟王恺斗富的故事，王恺也是个很富有的大士族，两个人比赛看谁更有钱更奢侈。当时的皇帝司马炎是王恺的外甥，居然也帮着王恺跟石崇斗富。有一次晋武帝送给王恺一株两尺高的珊瑚树，精美无比，王恺便拿出来向石崇炫耀。石崇仔细看了看，突然举起手中的如意把珊瑚树打折了。王恺气得大叫，石崇却不动声色地说："别生气，我马上就还给你。"于是叫他的手下拿了好几株珊瑚树送来，有三尺高的，有四五尺高的，且枝干美丽，光彩夺目，都比王恺的更好，说："你挑吧。"王恺看呆了，惘然自失，一时说不出话来。王恺用麦芽糖拌饭擦锅子，石崇就用蜡烛当柴烧。王恺用紫色的丝绸做了一个四十里长的"步障"（步障就是挡泥巴的屏风，有点像我们今天高速公路上的隔音墙），石崇就用绣花锦缎做了一条五十里长的步障。石崇用花椒和泥来涂墙，王恺就用更贵重的赤石脂（五石散的原料之一）来装饰墙壁。

石崇跟王恺并不是仅有的两例，前面讲到的王济（就是王浑和钟琰的儿子），小名武子，也是个有名的豪奢之士。他老婆是公主，有一天皇帝到他们家做客，光迎接的婢女就有一百多个，穿的都是绫罗绸缎，手里捧着琉璃器皿。吃饭时有一道蒸乳猪特别好吃，皇帝很好奇，问为什么这么好吃，王济告诉他，这小猪是用人奶喂大的。看，这些人奢侈到什么地步了。

石崇这些人的财富是怎么来的呢？基本都是靠残酷剥削和巧取豪夺得来的，有的时候干脆像强盗一样光天化日下抢劫。石崇是西晋开国功臣石苞的儿子，出身于典型的大士族，很年轻就已经做到荆州刺史，荆州刺史在晋朝是很重要的地方大员，而石崇身为封疆大吏，居然指使手下的人抢劫过往的商人，他的财富就是这样积累起来的。石崇曾在洛阳修了一个非常豪华的别墅，叫金谷园。里面种满奇花异草，豢养珍禽异兽，还收藏了无数的珠玉珍宝，美女侍婢成群，连厕所都撒满了沉香屑。石崇经常邀约亲朋好友、达官贵人在此享乐。他有一个爱妾叫绿珠，后来在八王之乱中被赵王伦手下的将军孙秀指名索取，他不给，孙秀就诬蔑他造反，派兵包围金谷园，结果绿珠跳楼自杀，石崇也丢了性命。这个故事成为后来许多诗人的题材，其中最有名的是唐朝杜牧的一首诗，题目就叫《金谷园》：

繁华事散逐香尘，流水无情草自春。日暮东风怨啼鸟，落花犹似坠楼人。

石崇靠抢劫致富，最后又死于别人的抢劫，他的故事其实是那个时代的写照。

除了石崇以外，还可以举出几个例子，例如历史上非常有名的祖逖。他是一个有北伐之志的英雄，年轻的时候跟好朋友刘琨互相勉励，要为祖国的统一做出贡献。《世说新语·赏誉》刘孝标注引《晋阳秋》里记载了他们的故事：

> 逖与司空刘琨俱以雄豪著名。年二十四，与琨同辟司州主簿，情好绸缪，共被而寝。中夜闻鸡鸣，俱起，曰："此非恶声也。"每语世事，则中宵起坐，相谓曰："若四海鼎沸，豪杰共起，吾与足下相避中原耳！"为汝南太守，值京师倾覆，率流民数百家南度，行达泗口，安东板为徐州刺史。逖既有豪才，常慷慨以中原为己任。乃说中宗雪复神州之计，拜为豫州刺史，使自招募。逖遂率部曲百余家北度江，誓曰："祖逖若不清中原而复济此者，有如大江！"攻城略地，招怀义士。屡摧石虎，虎不敢复窥河南。石勒为逖母墓置守吏。刘琨与亲旧书曰："吾枕戈待旦，志枭逆虏，常恐祖生先吾著鞭耳！"

我们现在还常常用到的成语"闻鸡起舞""中流击楫"（《晋书·祖逖传》述祖逖渡江事有"中流击楫而誓"之语）、"先鞭"就是从这里来的。祖逖这个人基本上是一个正面人物，但是他年轻的时候却也干过抢劫的事，《世说新语·任诞》第二十三则就有记载：

> 祖车骑过江时，公私俭薄，无好服玩。王、庾诸公共
> 就祖，忽见裘袍重叠，珍饰盈列。诸公怪问之，祖曰：
> "昨夜复南塘一出。"祖于时恒自使健儿鼓行劫钞，在事之
> 人，亦容而不问。

这条最后一句"在事之人，亦容而不问"，值得玩味，可
以想见当时这种情形并不是罕见的例子。在《世说新语·自
新》里可以找到另外一个例子：

> 戴渊少时游侠，不治行检，尝在江淮间攻掠商旅。陆
> 机赴假还洛，辎重甚盛。渊使少年掠劫，渊在岸上，据胡
> 床指麾左右，皆得其宜。渊既神姿峰颖，虽处鄙事，神气
> 犹异。机于船屋上遥谓之曰："卿才如此，亦复作劫邪？"
> 渊便泣涕，投剑归机，辞厉非常。机弥重之，定交，作笔
> 荐焉。过江，仕至征西将军。

不要以为戴渊是个小混混，其实他也是士族子弟，他的祖
父叫戴烈，曾任东吴的左将军，他的父亲叫戴昌，做到会稽太
守，他的哥哥戴邈官至尚书仆射，他的侄儿叫戴谧，后来也做
到大司农，都是大官。

士族阶层中出了许多优秀的人才，但也有许多纨绔子弟，
尤其到南朝之后，士族的生活越来越优裕，人才却越来越少，
能力也越来越差。颜之推在《颜氏家训·涉务》中描写当时的
士大夫，有一段说：

梁世士大夫，皆尚褒衣博带，大冠高履，出则车舆，入则扶侍，郊郭之内，无乘马者。周弘正为宣城王所爱，给一果下马，常服御之，举朝以为放达。至乃尚书郎乘马，则纠劾之。及侯景之乱，肤脆骨柔，不堪行步，体羸气弱，不耐寒暑，坐死仓猝者，往往而然。建康令王复性既儒雅，未尝乘骑，见马嘶喷陆梁，莫不震慑，乃谓人曰："正是虎，何故名为马乎？"其风俗至此。

士大夫连马都不骑，出门就要乘车，周弘正骑一匹小马（"果下马"，是一种矮小的马，骑起来方便），居然被视为"放达"。放达就是随便、不守礼，换句话说，"守礼"就不能骑马而应该坐车，如果你贵为尚书郎，居然骑马，还会受到弹劾呢，以致当时有些贵族视马如虎，这里讲的王复就是一个典型的例子。风俗如此奢靡如此文弱，一点风浪都经不起，所以侯景（一个反叛的将领）作乱的时候，贵族们连跑路逃生的力气都没有，只好乖乖地被杀掉。

还有一段说：

江南朝士，因晋中兴，南渡江，卒为羁旅，至今八九世，未有力田，悉资俸禄而食耳。假令有者，皆信僮仆为之，未尝目观起一坡土，耘一株苗；不知几月当下，几月当收，安识世间余务乎？故治官则不了，营家则不办，皆优闲之过也。

江南的士族因为是从北方逃到南方的，在南方没有自己的庄园，不种田，都靠朝廷给的俸禄过活，就算后来买了田地也都是交给仆人去种，自己从来没有看过一块土怎么挖起来，一株苗怎么种下去，什么时候该下种，什么时候该收割。总之，世上的"俗务"一样都不懂，所以做起官来官当不好，治起家来家也治不好，简直就是废物一个。到了这种地步，士族阶层就只有退出历史舞台了。